Jürgen Göde

Dem Schweigenden nach

Jürgen Göde

Dem Schweigenden nach

Vier Suchende auf dem Weg, Salz der Erde zu werden

Fromm Verlag

Impressum / Imprint
Bibliografische Information der Deutschen Nationalbibliothek: Die Deutsche Nationalbibliothek verzeichnet diese Publikation in der Deutschen Nationalbibliografie; detaillierte bibliografische Daten sind im Internet über http://dnb.d-nb.de abrufbar.

Bibliographic information published by the Deutsche Nationalbibliothek: The Deutsche Nationalbibliothek lists this publication in the Deutsche Nationalbibliografie; detailed bibliographic data are available in the Internet at http://dnb.d-nb.de.

Coverbild / Cover image: www.ingimage.com

Verlag / Publisher:
Fromm Verlag
ist ein Imprint der / is a trademark of
OmniScriptum GmbH & Co. KG
Heinrich-Böcking-Str. 6-8, 66121 Saarbrücken, Deutschland / Germany
Email: info@frommverlag.de

Herstellung: siehe letzte Seite /
Printed at: see last page
ISBN: 978-3-8416-0463-7

Für meine Freunde, Inge und Helmut,
denen ich großen Dank schulde.

Torrevieja, Ostern 2014

Jürgen, genannt Jordi

Inhaltsverzeichnis

Vorwort:

Wie ein Doppelgänger, mal als ich, mal in Distanz zu sich selbst in der dritten Person, verfasst jener diese Erzählung: er, der Pfarrer Günter Scheed. Manches, das er berichtet, kann er nah an sich heran lassen, vieles aber, wie aus innerer Abwehr, kann er nur erzählen, indem er es stellvertretend der Feder eines anderem anvertraut. Unter dieser Voraussetzung ist entstanden, was Du, geneigter Leser, jetzt in Händen hältst, eine Geschichte, die von vier Suchenden handelt.
Ob sie gefunden haben, was sie suchten, wirst Du am Ende selbst bewerten müssen. Folge ihnen, gehe hartnäckig mit ihnen. So hat es vielleicht einen Wert, von ihnen, jenen Helden, berichtet zu haben.

Günter

Eigentlich sollte es nun Schluss sein, es war nach meinem Gefühl die Zeit dafür reif, abzutreten: Abschied zu nehmen von Pfarrhaus, Büro, Gemeinde und Kirche. Die Altersgrenze 67 war erreicht.
Der Termin der Verabschiedung stand bereits fest. Die Einladungskarten waren rechtzeitig abgeschickt. Jetzt galt es, alles durchzugehen, die Zusagen zu stapeln und die Absagen zur Kenntnis zu nehmen. Es ging leichter als gedacht.
Die vorhandene Einladungsliste wurde von den Vorständen und der Gemeindesekretärin sorgsam durchgesehen, aktualisiert und ergänzt, der Text entworfen, die Einladungen zum Druck gegeben, eingetütet und versandt. Auf diesen Karten stand:

Der Bischof von…hat Herrn Pfarrer Günter Scheed, nach Erreichen des 67. Lebensjahres, von der Leitung der Gemeinde Maria Rosenkranz entpflichtet und in den Ruhestand versetzt.
Die Pfarrgemeinde lädt Sie herzlich zur Verabschiedung von Pfarrer Scheed im Rahmen eines Gottesdienstes am Sonntag, den …um 10 Uhr in unsere Pfarrkirche Maria Rosenkranz ein. Im Anschluss an den Gottesdienst findet ein Empfang im Gemeindehaus statt.

Damit stand also fest: Nach diesem angekündigten Sonntag würde für mich, den Gefeierten, unwiderruflich ein neuer Lebensabschnitt beginnen.

Seltsam, dass mich dies kaum sonderlich bewegte. Zu viele Verabschiedungen dieser Art hatte ich schon miterlebt, und sie hatten bei mir immer den gleichen schlechten Beigeschmack erzeugt: zu viele Reden, zu viel Händeschütteln, zu viele nicht begehrte Geschenke.
Doch hatten sie nebenbei wiederum ein Gutes: Man sah erneut, die man schon seit Langem nicht mehr gesehen und hatte wieder Gelegenheit, private, persönliche Dinge auszutauschen.
Gäbe es etwas, dass mir den Abschied schwer machen würde?
Vielleicht die Trennung von meiner lieb gewordenen, schlichten Kirche aus roten Ziegeln mit ihrem gedrungenen, breiten Glockenturm, die stets etwas Mütterliches für mich ausstrahlte und wie eine Dienstmagd, klein und bescheiden, neben der riesigen alten Stadtkirche wirkte.
Durch ihre weißen Fenster war sie innen hell und mit ihrer gebogenen, breiten, zweiflügeligen Tür wirkte sie weit einladend für alle Paare, die sich in ihr das Jawort geben wollten, wie auch für das Ein- und Austreten der stattlichen Gottesdienstgemeinde.
Schmerzlich war für mich auch der Abschied von meiner zweiten Hand, der geschätzten langjährigen Gemeindesekretärin. Durch viele Jahre hindurch verband mich mit ihr und ihrem Mann eine tiefe, aufrichtige Freundschaft.
Sie wirkte mit ihrer leicht fülligen Figur, ihrem rundlichen, lieb-freundlichen Gesicht, ihrer warmen Stimme und dem kleinen Lachen erfrischend und ermutigend in ihrem gut organisiert und wohlgeordneten Büro. Viel trug dazu bei, dass deshalb die Menschen angstfrei in dieses für sie

ziemlich fremde Milieu eintraten. Für sie würde es allerdings in Zukunft schwerer werden, da ein Nachfolger für mich als Pfarrer noch immer nicht ernannt und zu befürchten war, dass die Gemeinde mit zwei oder drei weiteren zu einer Einheit verschmelzen und an deren Spitze ein Pastorales Team treten würde. Auf diese Art trug man seit geraumer Zeit dem anhaltenden Priestermangel in der Kirche Rechnung.
Was sagte noch mein Vorgänger zu mir, als er, wie ich nun selbst, die Leitung der Gemeinde abgab?
„Finde hier deine Heimat, und Du wirst ein wirklich schönes Zuhause haben."
Und dies hatte ich hier 21 Jahre lang, obwohl zuvor eher unruhig und wie getrieben wirkend. Der Grund: Ich war ununterbrochen auf der Suche danach, was meine wirkliche Bestimmung und mein eigentlicher Weg sei.

Drei meiner früheren Kameraden und Wegbegleiter, ich scheue mich, sie Freunde zu nennen, obwohl sie es in meinem tiefsten Innern tatsächlich waren, gingen zuvor von meiner Seite, jeder in eine andere Richtung: der eine ins Kloster zu den Trappisten, der zweite als junger, viel versprechender Schriftsteller nach Nicaragua, wie es hieß, und der dritte legte seine Soutane ab, wurde Lehrer und ging für etliche Jahre in den Auslandsschuldienst, von dem er immer nur kurzfristig zurückkehrte, um erneut dorthin zurückzukehren, zuletzt für etliche Jahre nach Äthiopien.
Mit den Jahren spürte ich immer klarer, es hätte auch für mich die Gelegenheit sein können für ein großes Abenteuer und eine echte Herausforderung.

Statt dessen 21 Jahre gleich bleibende wenig sensationelle Pfarrseelsorge und Pfarrverwaltung.

Jetzt aus der Sicht eines anderen erzählt, weil es so leichter fällt:

Beim Durchsehen der erhaltenen Zu - und Absagen stellte er sich im Geist bereits vor, was der Kirchenvorstandvorsitzende Kurt Klöß bei der Verabschiedung von sich geben würde. Seiner pedantischen Art entsprechend könnte mit Folgendem aus seinem Munde zu rechnen sein:

...Es war das Ereignis, das ihr weiteres Leben rigoros beeinflusste und ihn, Herrn Pfarrer Scheed, um viele Jahre später ebenfalls, gleichsam als Spätzünder, einholte, unruhig machte und zur radikalen Änderung seiner Lebensweise drängte: die Begegnung mit dem weiß gekleideten, schweigendem rätselhaften Mann, dessen Haupt in einer weißen, spitzen Kapuze gehüllt, sich für den kurzen Moment eines Atemzugs ihnen zuwandte und wie zum Folgen aufforderte, und da die Gestalt sich nach einigen Schritten setzte, als wenn sie darauf zu warten schien, dass diese stumme Geste verstanden würde, hatte er seitdem, der bislang als Schulpfarrer durchaus überzeugend tätig war, den inneren Drang verspürt, einen völlig neuen Weg einzuschlagen, doch er blieb, wo er war, und das zu unserem Glück: Er blieb uns erhalten.
Der eine, der erwähnten drei, folgte dem Ruf als Missionar und Entwicklungshelfer der andere, nach gründlicher Vorbereitung, dem Ruf als Mönch in eine ferne Trappistenabtei. Er aber, den wir heute

ungern von uns ziehen lassen, unser aller Pfarrer, und das für 21 lange Jahre, blieb, hielt stand..."
„Kaum auszuhalten!", würde er an dieser Stelle bemerkt haben. Er, der sich selbst als Spätzünder sah, war voll und ganz Priester aber zugleich auch Künstler und schwankte zwischen beiden Neigungen, indem er mal dieser, mal jener mehr Ausdruck verlieh und sich in einem gewissen Konflikt befand, da er weder der einen noch der anderen Passion recht Genüge tun konnte. Sein Gewissen und seine Träume waren mahnender Ausdruck dieser tiefen inneren Spannungen.
Er hatte zwar allmählich gelernt, eine gewisse Balance zu halten, indem er seine fernen Freunde in sein Denken, Sorgen und Fühlen einschloss. Verwirklichten sie doch stellvertretend das, was er selbst gern hätte verwirklichen wollen, wenn er damals mehr Mut und Risikobereitschaft gezeigt hätte.

Dies entsprang natürlich nicht in Vorwegnahme den Gedanken jenes Herrn Klöß, sondern seinem eigenen Nachdenken und Bewerten. Im Tiefsten war er nämlich davon überzeugt, seine eigentliche Berufung verfehlt zu haben, mag sein aus Bequemlichkeit oder Angst, oder aus befürchtetem Unvermögen, sich gegenüber den Absichten seines Bischofs durchzusetzen.
Das würde natürlich am Tag des Abschieds niemand ernsthaft sagen.
Sie waren alle zutiefst überzeugt, dass er in Maria Rosenkranz ein erfülltes Arbeiten und ein zufriedenes Dasein gefunden habe.
Aber wie hatten sie sich geirrt. Er war froh, dass das Verstellen nun ein Ende hatte und er seine Tarnung

ablegen konnte. Er schämte sich indirekt, dies sich eingestehen zu müssen.
Und wie als Bestätigung dessen, hielt er die Absagen seiner bewunderten, fernen Freunde in den Händen. Er hatte ihnen heimlich eine Einladungskarte und zusätzlich ein paar persönliche Zeilen geschickt, in der vagen Hoffnung, sie würden kommen.

Verabschiedung

Die Verabschiedung erfolgte wie befürchtet, eine Rede folgte der anderen, gespickt mit alten Episoden und üppig eingeflochtenen Witzen und Bonmots, um der Veranstaltung etwas von ihrer Steifheit zu nehmen. Klöß moderierte das Ganze in gewohnter Weise in seinem schwarzgrauen Zweireiher mit der silbergrauen Fliege gekünstelt, ohne natürlichen Charme. Endlich war es Zeit, anzustoßen, ihm alles Gute zu wünschen und das große Andenken zu überreichen, ein hölzernes Modell der Kirche zusammen mit einer umfangreichen Gemeindechronik. Das hatte er erwartet. Dies entsprach den üblichen Gepflogenheiten bei solchem Anlass. Dann aber rückte der Sprecher der Kolpingjugend mit einer Überraschung heraus: ein Fahrrad, ganz solide und wie neu geputzt, damit er weiterhin beweglich bliebe und ab jetzt ohne Termindruck gemächlich seiner Neigung nachgehen könne, die Natur zu durchforsten und den Singvögeln zu lauschen.
Sie hatten die Lacher auf ihrer Seite.
Nun war die Reihe an ihm. Er dankte allen namentlich für ihre wohlgesetzten Worte und

reichen Geschenke. In Anspielung auf das neue Rad versprach er, auch weiterhin kein Radfahrer zu sein, sondern, da es sich um ein Mountainbike handelte, auch unbequeme Höhen zu nehmen und den Anfang dort zu machen, wo er einen seiner drei Freunde im Kloster vermutete und von dort aus zu einer Begegnung mit den übrigen zu starten. Er habe sich ihre Anwesenheit so sehr gewünscht, aber inzwischen Nachricht erhalten, dass dies nicht möglich sei, da sie alle drei aus wichtigen Gründen nicht fort könnten, dies aber tief und aufrichtig bedauerten. Er schloss seine kurze Rede mit der Ankündigung, es werde mit Sicherheit wieder eine neue Aufgabe auf ihn warten, vielleicht sei das Bisherige dazu nur eine wichtige und notwendige Vorstufe gewesen. Er wisse zwar noch nichts Konkretes, ahne aber schon, dass es so käme, und er würde dem mit ruhigem Auge entgegensehen. Auf diese Weise ließ er seine Zuhörer etwas ungläubig und zugleich überrascht zurück.

Ein Ehepaar, kein Gemeindemitglied zwar, aber Freund seiner Beiträge in der Lokalzeitung für die Spalte Wochenandacht, kam nach seiner Rede auf ihn zu, um ihm etwas über Jörg, einem seiner nicht anwesenden Freunde, zu berichten.

Jörg sei etliche Male in Äthiopien gewesen, vielmals auch in Eritrea und Somalia zuletzt wohl auch noch im Sudan. Er versuchte dort mit Spendengeldern und eigenem Vermögen eine Schule zu errichten, in denen Kinder von Christen und Muslimen gemeinsam unterrichtet werden sollten. Er habe sich aber heftiger Bedrohungen ausgesetzt gesehen und sei zuletzt wieder nach Äthiopien zurückgekehrt. Ob er da noch sei, wüssten sie leider nicht.

Dies war für ihn wie eine Bestätigung dessen, was er in den kürzlich erhaltenen Rückmeldungen von ihm gelesen hatte:

Lieber Günter,

über deine Einladung zur Verabschiedung habe ich mich sehr gefreut, aber gleichzeitig bin ich traurig, ihr nicht nachkommen zu können. Gerade jetzt, wo im Sudan das Verhältnis zwischen Muslimen und Christen derart angespannt ist und es gefährlich wird, möchte ich nicht fort.
Es würde den Eindruck erwecken, dass ich vor der Situation flüchte. Damit würde ich unserer Sache keinen guten Dienst erweisen.
Ich hoffe sehr, du hast dafür Verständnis.
Im Gegenzug möchte ich dich einladen, zu mir nach Afrika zu kommen, zumal du doch jetzt Zeit haben dürftest. Du wärst an der Nahtstelle der Konfessionen, der verschiedenen Kulturen und Völker hier ein wertvoller Beobachter, um davon in der Heimat zu berichten. Vielleicht wird dadurch der Eindruck, den ihr vom schwarzen Kontinent habt, ein anderer. Wir schulden es diesem leidenden Kontinent.

In Gedanken mit Dir tief verbunden

Gruß

Jörg

Er hatte natürlich die übrigen Antworten seiner Freunde, die ebenfalls Absagen waren, zur Kenntnis genommen.
Sein Freund Rafael, der Trappist, konnte nicht kommen, weil er zum wiederholten Mal schwer erkrankt war, und Reinhard Johannes, der dritte, befand sich im Aufstand auf Seiten der Kleinbauern gegen die sie immer heftiger unterdrückenden Großgrundbesitzer.
Als Freund der Befreiungsbewegung und des Priesters Ernesto, war er immer wieder Verfolgungen ausgesetzt. Seine kritischen Schriften und Erzählungen, die er mit Unterstützung von Ernesto herausgab, fanden zwar in Europa Beachtung und Preise, trugen ihm aber die Feindschaft der einflussreichen Oberschicht seines Landes ein. Er stand mehrmals unter Hausarrest. Womöglich erneut.

„Wie gut ich es doch dagegen habe“, dachte er und schämte sich dessen.
„Ich muss, so schnell es geht, fort, hin zu ihnen, zuerst zu Rafael! Die Begegnung mit ihm lag ihm vor allem anderen am Herzen. Er war sie ihm seit langem schuldig. Ganz klar, er musste sie alle drei aufsuchen und sie auf irgendeine Art unterstützen. Er spürte eine moralische Verpflichtung dazu.

Ein weiterer Brief, keine Absage, gab ihm für diesen Entschluss besonderen Ansporn, obwohl er ohne Absender war. Er las ihn voll Verwunderung und Erstaunen:

Lieber Pfarrer Günter Scheed,

wie oft haben Sie ein Lächeln auf mein Gesicht gezeichnet und Freude in unsere Herzen gesenkt, wenn Sie zu uns gesprochen und uns gesegnet haben.
Die Jahre mit Ihnen empfinden wir als großes Geschenk, und unsere Gedanken und Wünsche begleiten Sie. Wir werden ihren zukünftigen Weg und ihr weiteres Tun mit unserem Gebet und mit der bestmöglichen Hilfe unterstützen. Wenden Sie sich in diesem Fall vertrauensvoll an Beate, sie ist informiert.

Alles Gute

Beate, damit war seine Pfarrsekretärin gemeint. Das war ihm klar.
Vor seinem Auge erschienen die Gesichter seiner Gemeindeglieder, aber er hatte keine sichere Ahnung, wer von ihnen den Brief geschrieben haben könnte. Er legte den Brief zu seinen Papieren in die Jackentasche, nickte staunend und plante die konkreten Schritte für einen Besuch des Klosters, in dem Rafael lebte.

Er hasste Umzüge, zu oft hatte er seine sieben Sachen packen und wieder auspacken müssen.
Seine gesamte Einrichtung, die sich auf zwei schlichte Zimmer beschränkte und ein Sammelsurium aus Teilen von Hinterlassenschaften und eigenen Ergänzungen darstellte, überließ er insgesamt der Gemeinde. Er hatte kaum Neues, aber was er hatte, war gepflegt.

Die persönlichen Dinge hatte er in wenige Kartons gepackt und im Pfarrhauskeller, in einem verschließbaren Raum deponiert. Dort befand sich auch seine umfangreiche Schallplattensammlung zumeist klassischer Musik aus fünf Jahrzehnten.
Das Pfarrhaus, da kein Nachfolger zu erwarten war, würde an eine Familie vermietet werden, die damit einverstanden schien, seine Einrichtung zu übernehmen, wie es hieß.
Er war sehr froh darüber, weil er vorhatte, sich ein Wohnmobil zu mieten, um so frei wie möglich durch jene Länder reisen zu können, die er neben Deutschland am meisten liebte:
Frankreich, Spanien und Portugal als Wärme- und Sonnengaranten. Seine sprachlichen Kenntnisse waren zwar bescheiden, reichten jedoch aus, sich über das Nötigste zu verständigen. Vor allem wollte er das Schweigen üben und die Stille suchen, denn er betrachtete die vor ihm liegende Zeit als Wallfahrt. Er sah sich als Pilger auf dem Weg zum Kloster seines Freundes in der weiten, einsamen Hochebene Spaniens.
Er wollte der Route ehrwürdiger, alter Abteien folgen, die auch zum Teil bereits verlassen waren: Eremitagen und Kartausen, Kontakt halten für das Nötigste nur zu einer Vertrauensperson, seiner, mit Allem gut vertrauten, Pfarrsekretärin.
Er wollte weg, nicht so sehr im räumlichen Sinne, sondern im Sinne einer inneren Reise, einer inneren Bereitschaft zur Veränderung, und er wollte diesen Prozess schriftlich festhalten.
Als es endlich soweit war, und er mit seinem gemieteten Wohnmobil startete, gaben ihm liebevolle, aber auch besorgte Abschiedswünsche den Anschub für das für ihn erste wirkliche

Abenteuer seines Lebens. Zuerst fuhr er an den Ort, an dem er mit seinen drei Freunden das letzte Mal zusammen war, zu dem Heide-Kloster, das eine berühmte Weltkarte aufbewahrt, dahin, von wo alles ausging, alles seinen Anfang nahm.

„Ich will dorthin, wo wir uns das letzte Mal gesehen haben, bevor sich unsere Wege trennten“, schrieb er in sein Reisetagebuch.

Begegnung und Aufbruch

Es war einer der vielen schönen Tage im Spätsommer. Wir vier trafen uns in der Klosterschenke des idyllischen Heideortes.

Klaus, später im Kloster Rafael genannt, sonst immer als erster anwesend, hatte sich verspätet und traf, für uns ungewohnt, als letzter ein. Er wirkte seltsam abwesend, sagte knapp:„Hallo“ und setzte sich zu uns, schaute flüchtig in die Speisekarte, legte sie wieder beiseite und fragte: „Was habt ihr bestellt?“ „Heidefrühstück, wie üblich, dazu Alsterwasser.“ „Nehm´ ich auch, aber für mich lieber Kaffee.“ Damit die Kellnerin nicht nochmals kommen musste, ging ich in die Wirtsstube und gab die Nachbestellung auf. Als ich zurück an den Tisch kam, schwieg Klaus. Er war zwar nie sehr gesprächig, heute aber in besonderem Maße still. Im Ideenentwickeln und Nützliche-Ratschläge-Erteilen war er gut. Wir griffen Manches davon auf, wie dieses allmonatliche Treffen abseits unserer Dienstorte. Diese regelmäßigen Begegnungen sollten dem Austausch von Ideen und der Aussprache dienen. Wir hatten gleichzeitig an

selben Orten studiert und hatten gemeinsam unser Studium mit Erfolg beendet.
Auch stiegen wir im selben Jahr in die praktische Seelsorge ein. Doch da zeigten sich bald die unterschiedlichen Auffassungen über die Wege und Ziele des seelsorgerischen Handelns. Es stellte sich sehr bald heraus, dass wir unterschiedliche Richtungen einschlagen würden. Jörg hatte die Gabe, komplizierte Sachverhalte einfach zu erklären, konnte Menschen gut einschätzen und sprudelte vor Spontaneität und Tatendrang. Er war unser Motor.
Klaus, der eher Nachdenkliche, war gut im Analysieren, im Darlegen des Für und Wider und eher der Bremser.
Reinhard, unser Dichter und Visionär dachte politisch, sozial-orientiert, war von Ernesto Cardenal begeistert und von der Theologie der Befreiung durchdrungen.
Er sorgte in unserer Runde für die Dramatik und nötige Spannung.
Ich hingegen war der Ausgleichende, der Moderator und gelegentlich auch Bremser, wenn das Gespräch zu hitzig wurde. Die Rolle fiel mir einfach zu, obwohl ich sie nicht sehr liebte. Es lief einfach immer automatisch so ab. Es schien mir auf den Leib geschneidert zu sein, Harmonie und Ausgleich herzustellen.

Als die nachbestellten Getränke kamen, räusperte sich Klaus kurz und fing an:
„Ich habe grade auf der Hinfahrt was Merkwürdiges erlebt. Es ist mir etwas begegnet. Ich weiß nicht, war es Wirklichkeit oder bloße Einbildung. Ich kann es folgendermaßen beschreiben: Während ich mich

auf der Strecke befand, wo links und rechts nur noch Wald ist, öffneten sich die dichten Wolken am Horizont und zwei Lichtstrahlen, Schienen gleich, die die starke Sonne widerspiegelten kamen auf meinen Wagen zu, und er schien wie ein Zug, wie auf Gleisen darauf zu fahren. Dann schoss ein dritter Strahl in der Mitte von den beiden auf mich zu, und ein weißer Mönch erschien und schritt auf ihm. Zunächst schien er vorwärts zu gehen, dann schließlich entfernte er sich wieder auf dem Strahl, obwohl er vorwärts ging, bis er in einem fernen Punkt verschwand. Ich bremste meinen Wagen, hielt kurz darauf am Straßenrand an, weil meine Augen vom Licht geblendet waren.

Als ich wieder normal sehen konnte, erblickte ich mir voraus die weiß gekleidete Gestalt in kurzer Entfernung von mir an der linken Straßenseite stehend. Nein, sie schwebte. Ihr Kopf war in eine weiße spitze Kapuze gehüllt. Erst, als sich der Kopf mir zuwandte, konnte ich das Gesicht erkennen: fein-zügig, friedvoll, sehr gewinnend, mit tiefen, eindrucksvollen Augen. Ich startete meinen Wagen und näherte mich, als wollte ich Mitfahrgelegenheit anbieten. Die Gestalt verschwand aber augenblicklich, sowie ich herankam. Und dies erfolgte noch weitere zwei Mal hintereinander.

Ich war innerlich derart stark aufgewühlt, dass ich meine Fahrt eine ganze Zeit lang nicht fortsetzen konnte. Deshalb zog ich mein Handy hervor, um euch zu informieren. Darauf fand ich folgenden Eintrag: „Sie haben eine neue Nachricht erhalten.“ Ich öffnete die Nachricht und sah, dass etwas auf Spanisch geschrieben stand, nur ein einfaches, kurzes Wort: „¡Sigame!“, folge mir.

Ihr könnt ´s lesen, wenn ihr ´s mir nicht glauben wollt, hier – deshalb bin ich zu spät und im Moment ziemlich durcheinander.“

„Dich hat ein Blitz geblendet, das ist alles,
ein Blitz aus heiterem Himmel –was denn sonst?“
„Klare Sache, Halluzinationen – hast du das öfter?“
„Ach Quatsch! Ich bin nicht verrückt. Ich bin ja selbst erschrocken.“
„Das kann aber ganz schön gefährlich werden, wenn dich so was überkommt beim Fahren.“
„Ich hätte es besser nicht erzählen sollen. Es war ein Fehler.“
„Kennst du denjenigen denn, den du gesehen hast, bist du ihm schon mal begegnet?“
„Nein, natürlich nicht.“
„Du sagst: Er trug eine weiße Kutte. Es muss sich demnach um einen Mönch handeln, vielleicht um einen Trappisten, die tragen weiße Kutten.
„Oder der ehrwürdige Sülfmeister von der
Lüneburger Saline“, zischte Jörg grinsend. -
Wir ignorierten seine Bemerkung.
„Es scheint, dass er dich kennt und etwas von dir will“, setzte ich fort.
„Außer, dass er den Blick auf mich gerichtet hat, ist ja nichts passiert“ – „Doch doch, die Nachricht auf dem Handy. Du sagst, es sei Spanisch?“ „Ja, *sigame* lautet: „Folge mir!“
„Eine Aufforderung also, noch dazu in Spanisch.“ -
„Du machst doch gerade einen Intensivkurs in Spanisch und bist schon seit Wochen unentwegt am Lernen. - Kein Wunder! Sicher träumst du schon spanisch und fängst schon an zu fantasieren.“

„Du musst einfach mal abschalten.“ „Das meine ich auch“, unterstützte ich Reinhard. Wir trinken jetzt einen, spielen Doppelkopf, dann ist alles wieder im Lot.“
Klaus zaghaft: „Kann auch damit zusammenhängen - Ich beabsichtige, den Jakobsweg zu gehen. Deshalb lerne ich etwas Spanisch. Vielleicht hat es auch damit zu tun?“ Er wirkte sichtlich deprimiert.
„Du willst den Jakobsweg gehen?“ kam die Frage von uns dreien gleichzeitig. – „Ich muss Ordnung in meinen Kopf bekommen. Ich brauche Abstand von allem. Ich bin in Unsicherheit darüber, was mein wirklicher Weg ist. Ich kann so, wie bisher, nicht weiter machen. Das spüre ich immer deutlicher.“
Etwa so lässt sich dieses heftige Gespräch, unsere Reaktion auf die Vision von Klaus, in meiner Erinnerung wiedergeben.
Mir tat Klaus leid. Gern hätte ich ihm in irgendeiner Form beigestanden. Er war sehr sensibel. Aber ich war selbst sprachlos und konnte den Argumenten von Reinhard und Jörg nichts Vernünftiges entgegensetzen. Ich schämte mich darüber, dass ich nicht so ehrlich und aufrichtig sein konnte wie er, der so offen war bis hin, verletzbar zu sein.
Dieses intime Seelenerlebnis, das er frank und frei geschildert hatte, ließ uns ihn in einem neuen Licht sehen, machte ihn zum Sonderling in unseren Augen.
Er war fortan gezeichnet, der Spökenkiekerei verdächtig. Für mein Empfinden war es gar nicht so entfremdend, denn er war schon immer etwas Besonderes in meinen Augen.
Sein glatter, haarloser Kopf stand im Kontrast zu seinem gepflegten, kurz geschnittenen, fast

schwarzen Kinnbart. Er hatte einen schlanken, nicht zu muskulösen Oberkörper und sehr feine, geschickte Hände. Seine Augen waren meist ins Weite gerichtet. Sie verrieten einen Ansatz von Schüchternheit. Thema und Gesprächsbeginn überließ er gern anderen. Darum war es heute etwas Außergewöhnliches, dass er das Gespräch begann. Er war immer sehr gepflegt, sauber gekleidet, flink in seinen Bewegungen, ohne hektisch zu wirken. Seine Liebe galt den Tieren und Pflanzen, deshalb war er Besucher und Förderer zoologischer Gärten. Er trank und aß mäßig, kontrolliert – Kuchen aber und Süßspeisen waren seine Leidenschaft. Bei der Herstellung dieser Nahrungsspezies brachte er es zu wahrer Meisterschaft. Die Geschicklichkeit seiner Hände und sein feiner Geschmackssinn waren ihm dabei eine besondere Hilfe. Kaum, dass ich ihn mit Brille sah. Doch es war anzunehmen, dass er eine besaß, wenn dann wohl nur zum Lesen, denn dass er gern las, kam dadurch zum Ausdruck, dass er über Natur und Umwelt viele Details und Informationen weitergeben konnte. Doch hatte er etwas Eigenbrötlerisches an sich, auch Einsilbigkeit war sein Wesenszug. In seiner Gegenwart fühlte man das Schweigen und es stand bisweilen lähmend und bedrückend zwischen dem Gesprächspartner und ihm.

Ich ahnte, er würde das letzte Mal unter uns sein, und ohne ihn würden auch wir wenig Neigung verspüren, unser regelmäßiges Treffen fortzusetzen. Sein Fehlen würde uns daran erinnern, dass wir falsch auf ihn reagiert hatten, nicht als Freunde - verständnisvoll, sondern abwertend, mit spürbar heftigem Unverständnis.

Die zweiten Getränke kamen. Klaus rührte sein Glas nicht an, sondern stand auf mit der Bemerkung: „Entschuldigt mich bitte."
Ich verspürte den Impuls, ihm nachzugehen, doch Jörg und Reinhard gaben mir durch ihre Mimik und einen kurzen Wink zu verstehen, dass ich bleiben sollte.

Nach einer längeren Pause, die etwas Bedrückendes hatte, sagte Reinhard: „Vielleicht ist es richtig, was er vorhat. Man sollte seinen Eingebungen und Wünschen mehr gehorchen als man es gelernt hat. Die Sehnsucht ist wie eine starke Triebfeder. Sie drängt uns, treibt uns voran. Ein Aufbruch ist wie ein Neuanfang.
Ich habe selbst schon daran gedacht, Europa zu verlassen und vielleicht nach Nicaragua zu gehen, um Ernesto kennen zu lernen, mit ihm zu leben und von den einfachen Bauern zu erfahren, wie sie Evangelium und Leben, das um vieles mühseliger und gefährlicher ist als meines, miteinander in Einklang bringen."
„Dann wären es schon zwei von uns, die zu neuen Ufern aufbrechen wollen", bemerkte Jörg leise und nun eher nachdenklich.
„Es wird mir wohl keine Ruhe lassen, bis auch ich weiß, wo mein neues Wirkungsfeld ist. Mich könnte es nach Nordafrika hinziehen, nach Marokko, in den Jemen, Äthiopien oder in den Sudan.
Diese Länder und Völker mit ihrer tausendjährigen Kultur faszinieren mich, die Wüste, die schwarzen Berge, die ich nur dem Namen nach kenne. Ich würde allzu gern einmal in einer Oase schlafen.

Wenn einer von uns schon den Anfang macht, warum sollten wir seinem Beispiel nicht folgen und es ihm gleich tun?"

Ich merkte, dass mir solche Neigung abging. Ich fühlte mich nicht mehr jung und frei genug dazu. Es schien mir verrückt, vage aufkommende Wünsche überhaupt ernst zu nehmen. Sie bedeuteten mir nicht mehr als vorübergehende Launen.
Ich schüttelte den Kopf und sagte: „Ich habe nicht das Gefühl, dass in Amerika oder Afrika einer auf mich wartet. Ich werde hier gebraucht. Hier muss ich mich täglich mit genug Fragen und Problemen auseinandersetzen. Es käme mir feige vor, wenn ich davor ausweichen und fliehen würde."

Später wunderte ich mich nicht mehr drüber. Es schien mir im Gegenteil immer konsequenter und folgerichtiger wie sie gehandelt hatten: Jörg, Reinhard und Klaus, der sich später als Mönch Rafael nannte.

Abschied von Rafael

Die Abreise zum spanischen Trappistenkloster beschleunigte sich, weil Günter Scheed eine traurige Nachricht erreichte. Bruder Rafael, alias Klaus, ging es zum wiederholten Mal sehr schlecht, seine Leukämieerkrankung war erneut ausgebrochen. Man musste mit allem rechnen.

Es eilte, keine Zeit war zu verlieren. Er hoffte sehr, rechtzeitig da sein zu können, um ihn lebend wieder zu sehen. Der Flug nach Valladolid über Madrid war zu buchen, von dort mit dem Leihwagen nach Palencia weiter zu fahren. Das schien ihm der schnellste Weg. Dank der Hilfe seiner bisherigen Pfarrsekretärin hatte er bald seine notwendigen Tickets. Darin war sie perfekt.

Die Klostertour, die er minuziös geplant hatte, musste er aufschieben zugunsten des Wiedersehens. Er sehnte sich sehr danach dem zu begegnen, das er selbst gern hätte sein wollen. Wo sollte es sonst in der Welt möglich sein, in Begleitung von erfahrenen Mitbrüdern zur Anschauung Gottes zu gelangen. Er spürte einen Hunger danach. Wie viele Gottesdienste, wie viele Andachten hatte er gehalten - doch war er nicht der Linie seiner inneren Stimme konsequent gefolgt. Er hatte nicht gewagt, sich fallen zu lassen und in die Zwischenwelt von Erde und Himmel einzutauchen. Er misstraute zu sehr seinen eigenen Empfindungen. Nur wenn aus seiner ausgetrockneten Seele Tränen quollen, hatte er das Empfinden, am rechten Punkt zu sein, von dem er weiter, reiner und höher gelangen konnte. Es war eine reinigende Reue, die er sich erweinte.

Er gelangte endlich zur Abtei San Isidro de Dueñas, der Ruhestätte von Bruder Rafael, einem heilig gesprochenen, liebenswerten jungen Mann. Seine zärtliche Liebe zu Gott, von wiederholten schweren Krankheitsschüben und Enttäuschungen begleitet, fand in einem frühen Tod ihre einzigartige Vollendung. Klaus schien ihn sehr zu verehren, denn er nannte sich spontan nach ihm, und ähnlich diesem verlief sein Leben, ebenfalls von Krankheiten gezeichnet.

Nachdem er sich nach Ankunft beim Pförtner gemeldet hatte, der ihn bereits erwartete und ihm ein Quartier zuwies, trat er zuvor in die Grabkapelle vor den steinernen Sarkophag des Heiligen, um sich Kraft zu holen für die Begegnung mit seinem langjährigen Freund. Dass sie unter diesen bedrückenden Umständen stattfinden würde, hatte er sich nicht vorstellen können.

Über steinerne Stufen und nackte, gewölbte Gänge, an einem großen Kruzifix vorbei, gelangte er zum Krankentrakt. Der weißgekleidete Mönch öffnete die Tür zum Krankenzimmer mit einem bestätigenden Blick, dass wir angelangt seien.

Ich trat in das Krankenzimmer. Scheu und Schuldgefühle mischten sich in mir, und mein Körper versuchte die innere Bewegung zu unterdrücken. Mit erzwungener Ruhe und zögernden, steifen Schritten trat ich an sein Krankenbett.

Während er mich aus hohlen wissenden Augen erwartungsvoll betrachtete, bat er mit einem stummen Handzeichen, das er gelernt hatte, seinen Mitbruder darum, mit mir allein sein zu dürfen. Nach einer langen Pause, in der er meine Hand drückte und sein Blick auf mir ruhte, deutete er mit den Lippen ein Wort an. Ich musste mich ganz dicht zu seinem Mund neigen. Die Schädel - und Kieferknochen formten bereits die Züge eines Todgeweihten. Sein schmaler Mund berührte beinahe mein Ohr.

„Gut, dass du da bist“, hauchte er - und weiter mit geschlossenen Augen: „Sal! Sal!“

„Ja, aber ich doch auch. Ich hab verstanden. *Sal! Sal!* hast du gesagt. Ist gut, ich hab verstanden. Danke für alles: die Briefe, die große Hilfe, dein Gebet." Er schüttelte den Kopf und umschlang mich, drückte mich an sich und wollte sich nicht mehr von mir lösen. Es dauerte lange, wie wenn es für immer gelten sollte. Dann aber gab ich mit einem Ruck zu erkennen, dass es genug sei zu viel seiner Kraft, seiner letzten, die er mir schenkte. Ich streichelte seine Wangen mit dem Rücken meiner Hand und legte seine Hände übereinander und meine Hände zum Segen darauf. Ich spürte, er würde in Kürze davongehen.

Sein Atem wurde immer schwächer, sein Herz konnte ich im eingefallenen Brustkorb schlagen sehen. Die Halsschlagader pulsierte heftig. Er starb nach einem kurzen Würgen, ein leichter Krampf. Wasser trat aus seinem Mund. Die Augen öffneten sich dabei nochmals leicht…

Er war still hinübergegangen, ohne Laut, ohne Angst. Seine Hand noch immer haltend, drückte ich ihm todesscheu die Augen zu. Ich war erschüttert. Er war edel, so groß in diesem letzten Augenblick.
Mir war bewusst, ich musste in seine Fußstapfen treten und sein Erbe fortsetzen.

Der Prior, dessen Eintreten ich gar nicht bemerkt hatte, tippte mir auf die Schulter und gab mir durch eine stumme Geste zu verstehen, dass die Klostergemeinschaft Abschied nehmen wollte von ihrem Verstorbenen. Ich trat zurück, flüchtete ins Treppenhaus und hinunter zum Kreuzgang, weinte, weinte mich aus und schrie, bis ich ermüdet war.

Mit Klaus, der sich als Bruder Rafael nannte, war auch zugleich in mir etwas gestorben und musste, wie er, begraben werden: der Gedanke, Mönch zu werden, Mönch zu sein.
„Sal, Sal!“ Was mochte dieses, sein letztes Wort bedeuten? Salz einerseits - doch anderseits auch: „Geh, breche auf!“

Der Prior erlaubte mir, mit der Gemeinschaft am Auferstehungsamt - ein zutreffender Name für das, was unsere Liebe und Dankbarkeit den Verstorbenen schuldet - teilzunehmen. Der Heimgang und die Teilhabe Rafaels am göttlichen Leben, seine Vollendung in Gott, galt es jetzt zu feiern.
Die Mönche bildeten einen Kreis um den, auf einer schlichten Bahre ruhenden Leichnam. Ich durfte mich als Priester und als sein langjähriger Freund einreihen. Die Feier erfolgte in Spanisch von lateinischen gregorianischen Gesängen begleitet in schlichter Form. So hätte es Rafael zugesagt. Und weil es sehr früh war, waren nur wenige Besucher im Kirchenschiff. Es erwies sich als strenger, spätromanischer Bau aus Granitquadern gefügt, von massiven Säulen und Gewölben gestützt und geschlossen. Mein Blick war auf das große Kreuz gerichtet, auf den beinah nackten Körper des Erlösers. Er glitt zum dornengekrönten Haupt. Mir schien im Blick darauf klar zu werden - menschliche Existenz und Entfaltung bedeutet Leiden. Dieser Prozess ist von der zähen Absicht begleitet, aber genau dieses zu vermeiden, zu verdrängen, was zuletzt Not tut und für unser Reifen unabdingbar ist.
Alles ist aus dem Schmerz geboren. Die Selbstwerdung des Menschen ist leidvoll.

Manchmal ist sie unterbrochen von flüchtigen Momenten der Lust. Sie lassen uns den Schmerz für kurze Zeit vergessen.
Unser Lebensweg: Mit Schmerzen hervorgebracht, mit Prüfungen und Auf und Ab, durch vielerlei Ängste und Todesnacht zu nicht erhoffter unvergleichlicher Freude.
Wie ist es möglich, dass Menschen, deren Schicksal erbarmenswert ist, zu starker Liebe fähig werden können?
Sie scheinen aus einer Quelle zu schöpfen, deren Existenz uns verborgen ist. Wir können sie bestenfalls da erahnen, wo uns großherzig vergeben wird, ohne dass wir einen Schaden wieder gut zu machen, eine große Schuld auszulöschen im Stande wären.
Rafael schöpfte von jener Quelle, war einer von ihnen.

Der Trauerzug der weißen Mönche setzte sich in Bewegung. Der Rosenkranz, als nunmehr einzige Begleitmusik zur leichten Bahre des Verstorbenen, verhallte in den Längen und Kehren des Kreuzganges. Reihen von schlichten Gräbern mit steinernen Namensinschriften zu beiden Seiten der frisch ausgehobenen Grube, waren zu sehen.
In Erwartung des Osterfestes, zwei Tage vor Palmsonntag, war Rafael gestorben. Jetzt wurde er, eingehüllt in seine viel zu weit gewordene weiße Kutte, beigesetzt. Ein weißes untadeliges Gewand, das zugleich das Kleid zu seiner Auferstehung sein mochte. Wie schön dürfte er darin erstrahlen, wenn er von Gott berührt und gerufen würde.
Seine Fürbitte war seinen Brüdern und auch mir gewiss.

Ich schaute in die Gesichter der Mönche: hagere Männer, mit reinem, fast scheuen Blick. Sie erschienen mir fast alterslos.
Charaktervolle Züge kennzeichneten sie, eine durch lange Askese, Beten und Schweigen gewonnene Konzentration und Präsenz in ihren Gesichtern.
Die Mauern der Abtei, die erfüllt waren vom Wechsel aus Schweigen, Gebet und konzentriertem Schaffen, ließen mich jene zarten Schwingungen erleben, die ich sogar noch beim Besuch verlassener Abteien und Klosterruinen verspürte.

Geweihte Räume können ihren ehemaligen Zweck nie verhehlen, so wenig wie auch Friedhöfe, die zu Recht Gottesäcker genannt werden. Die Mauern, Böden und Steine geben das Echo derer wieder, die in ihnen lebten und nun ruhen.

Die Verabschiedung von den Mönchen erfolgte mit herzlicher Umarmung zwei Tage darauf. Ihr Segen sollte mich begleiten. Ich folgte von der Extremadura in Spanien bis nach Evora in Portugal ein Stück weit meiner geplanten Klosterroute.
Jene beachtenswerte Kartause dort blieb mir jedoch verschlossen. Umso mehr freute es mich, bei den Salesianern Don Boscos Quartier zu finden.
Der Orden ist weltoffen und weltweit vertreten. Das sollte für mich später von Nutzen sein.
Von dort aus ging es weiter nach Lissabon. Hier nahm ich von Europa Abschied und trat meine Reise nach Mittelamerika an.

Von den Söhnen Don Boscos, die auch jenseits des Atlantiks etliche Niederlassungen unterhalten,

erfuhr ich überaus Nützliches für meinen geplanten Aufenthalt in San Salvador, Nicaragua und meine weiteren Stationen in Südamerika; wo ich mich zu melden und sicher und günstig Quartier finden könnte.
Nun begann für mich das, was für andere nichts Besonderes ist, ich aber als ein Abenteuer, als ein Wagnis ansah: ein Aufbruch zu neuen Ufern.
Ich vertraute dem guten Geist meines verstorbenen Freundes, seinen letzten Worten, die ich als Ermutigung verstand: „Sal, breche auf!".
So machte ich mich also auf den Weg. Es galt, meinen zweiten Kameraden Reinhard ausfindig zu machen. Er hatte sich der Gemeinschaft und dem Geist Ernesto Cardenals angeschlossen.

Ich las vor Rafaels Tod, auf dem Weg zu ihm, noch Briefe, die mich am meisten von allen ansprachen und mir kostbar schienen. Auf diese Weise hatte ich mich auf die Begegnung mit ihm eingestimmt.
Einer von diesen Briefen sprach mir aus dem Herzen ich konnte ihn
auswendig:
…Sehnsucht ist ein Geschenk Gottes, ja, nur vermute ich, wissen die meisten Menschen nicht, nach was sie sich sehnen.
Ich habe die verschiedensten Arten der Sehnsucht erlebt und durchlitten und jetzt, obwohl ich den Status des Ruhegebetes erreicht habe, sehne ich mich nach der Gesellschaft von Menschen, die eingebettet in ein tiefes Schweigen, in Gott ruhen.
„Vater, in deine Hände lege ich meinen Geist!" Das ist das Endziel allen Betens, und unser Älterwerden hat nur den eigentlichen Sinn, dem Ältesten, nämlich Gott, immer ähnlicher zu sein…

Rayo

Ja, Sehnsucht trieb auch mich. Seit ein chilenischer Priester sein Leben in allen Vorzügen und Farben beschrieb, keimte bereits früh in mir der Wunsch, das Neuartige zu erleben: ein anderes Land, ein anderes Volk, eine andere Sprache, einen neuen Kontinent mit rätselhafter Kultur bereits untergegangener Völker.
Frühe Lockungen und Rufe ersterben nie. Die alte Sehnsucht erwacht irgendwann. Sie musste nun Gestalt annehmen, indem ich mich auf den Weg machte hin zu Reinhard, der für mich in dieser fremden Welt lebte. Er hatte es in Kennerkreisen zu einem beachteten Schriftsteller gebracht.
Ich schätzte vor allem seine humorvollen Texte, aber auch seine tiefsinnige Lyrik, die weniger für den Leser als für sich selbst bestimmt schien.
Im persönlichen Umgang nannte ich ihn stets Rayo. Sein ausdrucksvolles Gesicht vermochte zeitweise strahlenartige Blitze abzugeben. In ihm verbarg sich ein tiefer Feuerbrand für alles Große, Wahre und Schöne, und er war enorm verletzbar, wo er dies missbraucht und zerstört sah - ob in der Natur oder im Leben der Menschen.
Er liebte und litt mit ihnen. Wo das hinführen würde, war Grund meiner tiefen Sorge. Ich hatte ernsthaft Angst um ihn.
Obgleich ihm das Schreiben Mühe kostete und er gewöhnlich lange zögerte, bevor er damit begann, drängten ihn innere und äußere Bilder dazu, seine Eindrücke zu Papier zu bringen. Aber diese Bilder versetzten ihn auch in einen Zustand spürbarer Unruhe, so dass er politisch aktiv werden und handeln musste. Er wollte kein Mensch sein, der die

Verhältnisse und Stimmungen lediglich beschreibt, sondern kämpfte für Veränderungen.

Früh hatte er seine Seelenverwandtschaft zu Ernesto Cardenal erkannt, dem Priesterdichter. Dieser teilte seine Ideen und Einsichten mit einfachen Bauern und war von ihnen inspiriert wie in gleicher Weise vom Evangelium, das er mit ihnen teilte.
Ihm begegnete er zum ersten Mal während seiner Studienzeit in Münster. Dort verlieh ihm die Universität die Ehrendoktorwürde. Er wohnte dieser Zeremonie bei und war seitdem fasziniert von diesem mutigen Visionär einer humanen Gesellschaft, ein Mensch, von dem viel Hoffnung ausging. Er sprach eine Sprache, die von Rayo intuitiv verstanden wurde.
So suchte er Kontakt zu Ernesto und soll ihn sogar mehrmals begleitet und unterstützt haben. Schließlich entschloss er sich aus Eigeninitiative in die Karibik zu bestimmten Inselrepubliken zu reisen, um dort gegen Kinderarbeit und Rauschgifthandel anzukämpfen. Sorge machten ihm auch die Umstände in den Gold- und Nickelminen.
Er veröffentlichte kritische Reportagen darüber im Ausland. Sie förderten das Negativimage gegenüber diesen Inselstaaten und brachten ihm die Feindschaft der Minenbesitzer und Behörden ein. Er war ständigen Bedrohungen ausgesetzt.
Dies erfuhr ich von ihm nahestehenden Freunden, als ich im fremden Kontinent landete.
Es war nicht so sehr der neue Boden, den ich mit meinen Füßen berührte, die neuen Straßen, Stadtviertel, Stimmen, Gerüche und Bilder, die auf mich eindrangen, sondern es war die Tatsache,

dass ich meinen Traum wahr gemacht hatte. Das machte mich glücklich und gab mir ein unglaubliches Gefühl der Freude.
Diese positive Ausstrahlung, dieser neu gewonnene Optimismus, wurde mein Schlüssel zu allen menschlichen Begegnungen, denn ich brauchte Schutz und Rat in allen neuen Situationen, denen ich ausgesetzt war. Zu leicht hätte ich überfallen oder bestohlen werden können, vom Schlimmsten einmal abgesehen. Armut, Schmutz, üble Gerüche waren streckenweise mein Begleiter. Ich erblickte viel Elend und sah zu wenig Aufbruch, dies zu überwinden. Darin mischten sich aber auch Augenblicke der Bewunderung für die Schönheit der Landschaft und die Freundlichkeit der Menschen. Ich wurde für meinen Schritt, den neuen Kontinent betreten zu haben, reichlich belohnt.

Wiedersehen mit Rayo

Über einige Umwege kam er endlich an die aktuelle Adresse von Reinhard, genannt Rayo. Er musste untertauchen, nachdem durch einen erneuten Regierungswechsel die Oppositionellen des Landes verfolgt und inhaftiert wurden. Viele tauchten ab in den Untergrund. So aber nicht er. Es war alles andere als sicher für Rayo geworden. Er hatte gegen die Korruption, gegen die Kinderarbeit und gegen die desolaten Zustände in den Minen angekämpft. Das hatte man ihm nicht vergessen.
Er näherte sich, auf der Suche nach ihm, jenen Elendshütten der Zuckerrohrplantagen. Irgendwo musste Rayo hier zu finden sein.

Nur, wer konnte ihm Auskunft geben? Er entstieg einem verbeulten, klapprigen Bus, von den Aussteigenden neugierig beäugt, der zwischen Kirche und Kaffeebar hielt.
Er war durch sein Kollarhemd als Priester auszumachen, somit begegnete man ihm zumindest respektvoll.
Er schritt zur Kirche in der Hoffnung über den Ortspfarrer etwas Näheres zu erfahren und suchte vergeblich nach der Pfarrwohnung.
Ein Einheimischer in verschlissenen Hosen und verschwitztem Hemd rief, als er bemerkte, dass er den Pfarrer suchte: „El padre cura no vive aqui, viene no más que una vez a la semana para hacer la misa los sabados a las seis de la tarde." Er gab ihm demnach zu verstehen, dass der Priester nur einmal pro Woche samstags um 18 Uhr zur Abendmesse herkäme. Neben der Kirche wohne jedoch die Küsterin, die er sprechen könne, falls er wolle. Immerhin ein Anfang, dachte er. Bis morgen würde er vielleicht mehr erfahren, wenn die Küsterin nicht selbst Auskunft geben könnte.
Rayo zeichnete sich durch regelmäßigen Gottesdienstbesuch aus.
Wenn er hier lebte, würde er dem Pfarrer bekannt und dadurch aufgefallen sein. Und es sprach viel dafür, dass er hier lebte.

Er tat, als wollte er sich die Kirche ansehen. Die Kirchen dort sind weniger von außen, dafür aber von innen beachtlich, weil die Menschen trotz ihrer Armut sehr viel für die Verschönerung und den Schmuck ihrer Kirchen tun. Er hatte Glück. Die Seitentür zur Kirche stand offen.

Eine Frau, es war die Küsterin, strengte sich an, den Blumenschmuck für den Altar zu erneuern und alles für die bevorstehenden Pfingstfeiertage zu säubern und zu verschönern. Durch Kopfnicken und Winken mit der Hand machte sie ihm deutlich, dass er willkommen sei. Er schaute sich um und neben den üblichen Heilgenstatuen erblickte er in der Nähe des Hauptportals eine Fototafel, eine Dokumentation über verschiedene Aktivitäten der Gemeinde. Es war wie ein Wink Gottes. Auf mehreren Fotos erkannte er Reinhard-Johannes, seinen Rayo, inmitten von Kinder- und Jugendgruppen als Teilnehmer, nein, eher Anführer einer Demonstration gegen die hier noch viel verbreitete Kinderarbeit, sowohl in den Minen als auch in den Ziegelwerken.

Er grüßte die ihn aufmerksam beobachtende Frau, die nur darauf wartete, von ihm angesprochen zu werden.

Mit der Hand auf die Fotos zeigend sagte er:“ Le conosco a este homen, es mi amigo aleman.“ - Ich kenne den Mann, es ist mein deutscher Freund - a quien estoy buscando“ - nach dem ich suche.

Die Frau, sich ihm nähernd und erstaunt anblickend: „Que, su amigo aleman? Es usted de Alemania?“ – Was? Ihr deutscher Freund, Sie kommen von Deutschland? Er wohnt in unserem unfertigen, leider teilweise wieder zerstörten Schulhaus. Er sammelt Geld und will es wieder erneuern für unsere Kinder.

Soviel konnte er mit seinen bescheidenen Spanischkenntnissen verstehen. Er habe aber Feinde, die das verhindern wollten und immer wieder zerstörten, was schon fertig war. Jetzt befände er sich im Hungerstreik, um dagegen zu protestieren.

Er musste im Wörterbuch nachschlagen, um auf den Begriff „Hungerstreik“ – huelga de hambre – zu kommen.

„Wirklich, Hungerstreik?“ Es war ihm klar, jetzt, wo der Machtwechsel erfolgt war, würde diese Aktion wenig Sinn haben und mit Sicherheit von den neuen Machthabern mit Gewalt unterbunden werden. Er musste also schnell handeln, um ihn zu schützen, vielleicht gar, um ihn zu retten.

Die gestikulierende Frau verstand ihn letztendlich und brachte ihn in Sichtweite jenes Schulhauses. Es war eingerüstet. Brandspuren waren zu erkennen. Sie wies auf ein kleines Zelt und ein Stofftransparent, das wie ein Menetekel am verkohlten Schulgebäude über dem Eingang hing. „Gegen die Unvernunft, für die Zukunft der Kinder! Ein Ende der Gewalt und Unterdrückung!“

Dann entfernte sie sich rasch, wie wenn sie vor etwas fliehen müsste.

Ihn hielt nun nichts mehr. Ja, das passte zu Rayo, dieses ohnmächtige Schreiben und Schreien. Ihn erfüllten bereits die schlimmsten Befürchtungen. Er sah das kleine Zelt, stürzte darauf zu und rief:

„Nein Rayo, Rayo, um Gottes Willen!“

Der Angerufene neigte sich aus dem Zelt, fiel mit dem Oberkörper nach vorn und in heftiges Schluchzen mit Lauten, die wie ein ohnmächtiges Stöhnen klangen, als er sein Gegenüber sah und endlich erkannte.

Der sich ihm nahte, fiel auf die Knie, fing den vom Hunger zitternden Geschwächten auf und zog ihn an sich, dasselbe wiederholend: „Nein Rayo, Rayo, um Gottes Willen, was machst du bloß, Junge!“

Sie hielten sich wiegend lange im Arm, beide leise weinend. Die Erschütterung des Wiedersehens war einfach zu groß, bis der helfende Freund die Sprache wiederfand und sich fangend flüsterte:
„Du musst hier weg, Rayo. Du musst hier weg, sonst gehst du kaputt. Du tötest dich und nutzt keinem. Du musst hier weg, begreifst du, niemandem tust du damit einen Gefallen, außer deinen Feinden, wenn du verreckst! Im Gegenteil, dann hätten sie genau das erreicht, was sie wollen. Wenigstens jetzt nicht, solange ich bei dir bin. Um Gottes Willen! Ich habe schon einmal einen von uns beim Wiedersehen sterben gesehen!"
„Wen, wer ist gestorben?" „Rafael, unser Klaus, in seinem spanischen Kloster." „Als du ihn besucht hast?" „Ja, als ich ihn wieder sah, lag er sterbend in seiner Zelle." „Gott, ist das möglich, wie kann man das ertragen."
„Ja, darum soll es auch jetzt nicht erneut passieren! Verstehst du? Sonst kann ich nicht mehr leben. Du musst etwas zu dir nehmen, sonst ist es aus mit dir und mir!"
Komm mit mir nach Buenos Aires, um Hugo Mujica kennen zu lernen, um dort weiter zu schreiben und dein literarisches Werk fortzusetzen. Er ist ein faszinierender Mensch, ein Mönch, ein Mystiker. Er hat uns viel zu sagen. Du bist ihm seelenverwandt."
„Hugo Mujica, du hast Recht. Ich habe von ihm gehört. er sei in meinem Alter, möglicherweise kennt er das Eine oder Andere von mir."
„Und wenn nicht, er wird es kennen lernen und wertschätzen."
„Mag sein. Vielleicht ist es ja richtig und vernünftig. Ich sollte wenigstens etwas trinken. Bring mir etwas verdünnten Zuckerrohrsaft!

Geh ins Haus, da muss noch ein kleiner Vorrat sein. Heute will ich noch nicht sterben, heute will ich noch mit dir sein, unser Wiedersehen nicht verderben. Nein, ich geh schon selbst."
Meinen Protest ablehnend ging er, und ich folgte ihm in das rußgeschwärzte, vom Rauch verpestete Gebäude, das eine Schule werden sollte.
Rayo drohte wie ein alttestamentlicher Prophet:
„Das ist das Menetekel für diese korrupte, geldgierige Mischpoke, die über Leichen geht und die Zukunft ihrer Kinder vernichtet.
Dieser Frevel wird auf sie zurückfallen und alles denkbare Verderben wird über sie kommen!"

Er konnte seinen Zorn verstehen. Was sollte er ihm darauf erwidern? Die Situation schien ihm aussichtslos. Es ging ihm um nichts Anderes, als den Freund zu retten. Darum sollte er etwas trinken und zu sich nehmen. Zwei Bananen hatte er noch, ein wenig Zwieback, und etwas verdünnter Zuckerrohrsaft fand sich ebenfalls. Zum Glück nahm er es an. Vorsichtig nahm er es zu sich.
Für´s Erste schien er gerettet. Nur eine Nacht war noch zu überstehen. Am nächsten Morgen würden sie den Rückzug aus Hoffnungslosigkeit und Elend antreten und den Weg in eine heilere Welt suchen.

Buenos Aires war für ihn, den Retter, ein Stück heilere Welt, in die er ihn, den Gescheiterten, entführen wollte. Ja, es glich fast einer Entführung, gepaart mit dem Verrat an seinen großen Idealen. Doch es gab keinen anderen Ausweg, wenn er weiterleben sollte.

Nach wenigen Stunden, nicht mal einem Tag Abstand, sah dennoch alles enttäuschend anders aus.
Er hätte von vornherein an seinem Einverständnis zweifeln sollen. Sein Einverständnis kam viel zu schnell. Ein Mann, der kämpft und dann den Kampf nach hohem Einsatz so rasch aufgibt? Das kann nicht sein.
Rayo, den er in seinem schlechten Zustand nicht allein lassen wollte, überredete ihn, voraus zu gehen, damit er nicht seinetwegen in Gefahr gerate. Er selbst wollte zunächst noch mit dem Ortspfarrer die letzten Angelegenheiten bezüglich des Schulgebäudes klären und dann sofort nachkommen. Er bestand darauf, dass sein Retter gehen sollte. Der willigte enttäuscht ein, nicht ohne mit der Kamera die barbarischen Zerstörungen an dem ruinösen Schulgebäude zu dokumentieren. Danach umarmte er Rayo lange und fest mit den Worten, die seinen heimlichen Zweifel ausdrückten: „Du kommst doch auch bestimmt?“ Rayo nickte, die Augen geschlossen haltend, als er beim Weggehen nochmals nach ihm blickte. Er kehrte nochmals zurück, um ihm einen freundschaftlichen Kuss zu geben.
Das war ihre letzte Begegnung. Er sah ihn, was er damals nicht ahnen oder wahrhaben wollte, danach nie wieder.

Vom Ortspfarrer seines letzten Aufenthaltsortes erfuhr er Monate später brieflich – er hatte nach seinem Ausbleiben vergeblich in Buenos Aires auf eine Nachricht gewartet – dass Rayo einer wiederholten Attacke von Vandalismus und

Brutalität zum Opfer gefallen war. Zeugen, die es miterlebten, schwiegen aus Angst.
Seine Leiche wurde auf einen Lastwagen zu anderen geworfen und abtransportiert. Eine Gewehrsalve zur Abschreckung für die Anwohner beendete die makabere Aktion.
Die letzten Spendengelder und Urkunden vom unfertigen, teilweise wieder zerstörten Schulbau habe Rayo in kluger Voraussicht ihm, dem Pfarrer, vorsorglich zur Aufbewahrung gegeben.
Er sei nicht umsonst gestorben und habe nicht umsonst gekämpft. Die Zeiten würden sich in diesen Breiten schnell ändern, die politischen Systeme gleichfalls. Das Gute werde siegen, die gute Saat einmal reiche Ernte bringen.

Hugo Mujicas Verse kamen mir auf den Tod von Rayo wie sein Motto in Erinnerung:

„Am Ende wird auch mein Mund die Erde füllen, am Ende küsst man immer, was man verrät."

Der Absender legte dem Brief, den er vorsichtshalber beim Konsulat zum Weiterleiten abgegeben hatte, ein Foto bei, das Dokument eines sonderbaren Vorfalls: Zeitgleich zum Tod von Rayo geschah es, dass die Leuchtreklame der Bergwerksgesellschaft und Handelskette, die maßgeblich für den Boykott der Schule verantwortlich war, MERCADO NEGOCIOS TECNICOS CENTRO LATINO, teilweise ausfiel, so dass die allein verbliebenen, noch leuchtenden Buchstaben ein unheimliches Omen ergaben.
Es leuchtete rot in die totenstille Nacht ein MENETECEL auf, ähnlich jener in babylonischer

Zeit erschienenen Feuerschrift, die den Untergang und den Tod des gotteslästerlichen Herrschers Belsazar verkündet hatte.
So kam es, dass die Besitzer der Handelskette in den darauffolgenden Monaten einen ähnlichen Garaus erlebten.
Auf Grund der sich rasch ausbreitenden Banken- und Wirtschaftskrise jener Zeit wurden sie von ausländischen Unternehmen geschluckt. Ein Ende wie ein Gottesgericht.
Die neue Situation schuf bessere Bedingungen, unter denen die Kinderarbeit zurückgedrängt und Schulen wieder gefördert wurden. Rayos Schule war eine der ersten, die ihre Fertigstellung und Einweihung erlebte. Sie wurde nach ihm benannt.

Sein Kampf hatte sich am Ende gelohnt und schließlich Früchte getragen. So der Wortlaut des Briefes.

Selbstzweifel, Krise

Reinhard-Johannes, von ihm bewundernd Rayo genannt, sein Freund - nie mehr als in dessen letzten Tagen - war tot. Er hatte sein Leben für die Verbesserung der Lebensbedingungen vergessener, an den Rand der Existenz gedrängter Menschen, geopfert. Er, der An-sich-Zweifelnde, fühlte sich schlecht. Scham kam in ihm auf, wieso er nicht die gleiche Kraft hätte, sich konsequent für eine Sache einzusetzen. Fehlte ihm das notwendige Selbstvertrauen, der starke Glaube an das Gute, war er zu feige, sich den Herausforderungen mit all den gesellschaftlichen Konsequenzen zu stellen? Seine politische Unerfahrenheit? - sicher auch das. Er musste mit jemandem darüber reden, mit einem Menschen, der ihm vertraut war und seine Sprache verstand.

Er nahm Kontakt zu einer Ordensschwester auf, die er seit langem kannte. Im Gästehaus der Salesianer, wo er sich nun wiederholt aufhielt, ließ sich das ohne Problem arrangieren. Sie erlöste ihn von den Zweifeln und riet ihm, sich zunächst wegen der Planung seiner Rückreise an seine ehemalige Pfarrsekretärin in Deutschland zu wenden.

Die Rückreise sollte mit einem Containerschiff erfolgen. Er brauchte Zeit zum Nachdenken und zum Abstandnehmen von diesem Kontinent, nach dem er sich seit frühester Jugend gesehnt hatte. Es sollte ein stilles Scheiden und keine Flucht sein.

Immer wieder hallten in ihm die Sätze der Ordensschwester nach: „Sie sind ein wertvoller Mensch und von Gott geliebt. Er weiß zu schätzen, dass Sie ihre Freunde nicht im Stich gelassen haben und ihnen entgegengekommen sind, wie sehr Sie um ihr Andenken besorgt waren und sind.“ Und es war ja auch so. Sie hatte ja nicht Unrecht. Trotzdem hatte er nur Bewunderung übrig für sie, die nun nicht mehr waren, und nicht für sich.

Es stellte sich Heimweh ein, das von der depressiven Wirkung der Großstadt, in der er sich nun mehr denn je als ein Fremder fühlte, ohne deren Absicht ausging. Einige Tangoweisen trugen dazu bei, dies Gefühl in ihm noch zu verstärken. Er konnte aber nicht sofort Buenos Aires verlassen, da er die wenigen Habseligkeiten, in der Hauptsache letzte Briefe und Schriftstücke von Rayo, erwartete - ein kostbares Erbe, dass es zu bewahren galt.

Ein Gedicht, das seinem akuten Seelenzustand entsprach, fiel ihm beim Durchsehen der endlich erhaltenen Texte und Skizzen Rayos ins Auge, betitelt:

„Allerseelen-Nacht“

Einsam, weit draußen vor der Stadt

Sternen gleich die tausend Lichter

Vermummte Gestalten, die wachend harren beim Gräbermeer

Die Glocke hallt: „Flieh nicht, glaube!“ mahnt ihr Schlag.

„Wag es, eingedenk der letzten Stunde.

Hindurch, ertrag ´s!“

Wie ein Appell aus zunehmender Ferne klang es, wie von Rayo gesprochen, und er verstand:

Ich muss da durch. Es wartet noch etwas Wichtiges auf mich: „Sal! Ja, sal!“- „Brich auf! Ja, brich auf!“

Heimkehr

Seine Pfarrsekretärin war ihm sofort in allem behilflich. Eine Spende von einer Person, die ungenannt bleiben wollte - sie wird auch später noch eine gewichtige Rolle spielen - ermöglichte ihm den Erwerb des Reisetickets.

So trat er am Fest des Hl. Johannes des Täufers die Rückreise an. Mit jeder gefahrenen Seemeile vergrößerte sich der Abstand zu den schlimmen Erlebnissen der letzten Zeit und verringerte sich die Freudlosigkeit seines Herzens. Gleichzeitig wuchs in ihm die Ahnung, dass Neues und Wichtiges auf ihn warten würde.

Am Heck des Schiffes verweilte er oft lange und sah in die aufgewühlte Spur, das Werk der rotierenden Schiffsschrauben. In diesen Momenten, wo er ganz allein war mit sich, dem Meer, dem Geräusch der fortwährenden Wirkung der Elemente auf ihn, äußerte sich in ihm zum ersten Mal wieder etwas, das er in sein Tagebuch schrieb:

Dein Lebenshaus gleicht einem Schiff auf See. Du meinst die Richtung zu bestimmen, vage Ziele, mehr im Herzen als vor Augen. Ob sie etwas taugen?

Es schaltet sich ein andrer ein, der auf der Brücke steht und lenkt und schon viel weiter sieht und denkt.

Du kannst an Bord in jede Richtung blicken, die Perspektive wechseln - das Schiff folgt seinem Kurs, von fremder Hand gelenkt.

Erspähst du Land, das lockt, als sei es deine Insel, wagst du den Sprung ins unbekannte Wasser? Wenn du wüsstest, dass dich Engel tragen, tätest du `s?

Doch es fehlt dir Mut, die feste Zuversicht.

Dann weiter so im alten Trott, keine Lebenswende...

Sein Entschluss stand fest: Nein, das sollte nicht das letzte Wort sein. Er wollte seine Insel ansteuern. Dazu sollte ihm nicht zuletzt Jörg verhelfen und alle, die ihre Unterstützung anboten und in der Heimat auf ihn warteten.

Sein Schiff, das ihn über verschiedene Zwischenstationen zurück nach Europa und schließlich nach Deutschland brachte, lief in die breite Elbmündung ein. An einem der ersten Morgen des Monats Juli hielt ihn nichts mehr in seiner Kabine. Er genoss den Sonnenaufgang, den Blick auf die Uferzonen und Inseln im Strom, die musikalische Begrüßung am Schulauer Fährhaus.

Diesmal stand er nicht am Ufer, sondern auf der Brücke eines einfahrenden Schiffes. Es war zwar nicht die Queen Mary 2. Es war ein einfaches Containerschiff, dessen Besatzung sehr freundlich und dessen Kapitän für eine angenehme Atmosphäre während der gesamten Überfahrt gesorgt hatte. Eine gemischte Besatzung. Die Verständigung verlief hauptsächlich in Englisch. Mit dem Kapitän, der ein Hamburger war, hatte er öfters ein Gespräch führen können. Da blieb es nicht aus, dass er über sein Erlebtes sprach. Der Kapitän wollte dafür Sorge tragen, dass er nach Anlegen im Containerhafen gleich von einem Offizier nach Harburg gefahren würde. Dort wollte ihn Barbara, seine ehemalige tüchtige Pfarrsekretärin abholen, um ihn zu seiner Unterkunft zu begleiten.

Er sah die beeindruckende Kulisse der stolzen Hansestadt an sich vorbei ziehen, die Werften, Hafenanlagen, Türme und Brücken, die alten und neuen Wahrzeichen, und fühlte Vorfreude, Jörg bald nach so langer Zeit wiederzusehen.

Was war geblieben von den einst großen Plänen und Vorhaben, die sie alle vier hatten? Nun waren nur noch zwei, Jörg und er, übrig geblieben von einem vielversprechenden Quartett. Was könnte aus dem Rest noch werden? Das war es, was ihn bis zu seiner Ankunft trotz all der großartigen Eindrücke gedanklich beschäftigte.

Rückkehr

Die Begrüßung war angemessen. Eine stumme, herzliche Umarmung, nicht überschwänglich. Sie brachte schlicht zum Ausdruck: „Gut, dass du wieder da bist.“

Barbara hatte dafür gesorgt, dass ich bei Krankenschwestern in der Nähe von Harburg, in gebührender Distanz zur Pfarrei, aus der ich vor gut einem halben Jahr ausgeschieden war, unterkam. Das war mir sehr recht. Sie war und blieb eine mitdenkende, hilfreiche Sekretärin, zu jedermann freundlich und hilfreich. Ihr etwas pausbäckiges Gesicht und die rundlich, mütterliche Figur, ließen sie jedem sogleich sympathisch erscheinen.

Zu den Schwestern hatte ich seit einem halben Leben guten Kontakt. Zu einer von ihnen verband mich eine innige Freundschaft. Ich umarmte sie beim Eintreffen herzlich und drückte mit beiden Händen die ihren, die wie zum Gebet gefaltet waren. „Gut, dass ich bei euch ein Zuhause habe“, bedankte ich mich bei ihr. Sie beantwortete meine Äußerung mit freundlichem Lachen und kurzem Abwinken und bot mir, um mich zu stärken und etwas Nettes zu erwidern, belegte Brote und reichlich heißen Kaffee an. Als ich mich gesetzt hatte und anfing, ihr von meiner Schiffsreise zu erzählen, unterbrach mich Barbara beinahe heftig, um zu sagen:

„Eh ich es bei aller Freude und Neugier vergesse, ich habe einen wichtigen Brief für Sie, den ich loswerden möchte." Es war, wie ich es gleich erkannte, ein Brief von Jörg.

Mit einem großen Gefühl der Erwartung öffnete ich ihn, als sich die Schwester mit wiederholten Worten des herzlichen Willkommens zurückzog. Ich bedankte mich bei Barbara, der ich versprach, sie so schnell als möglich in den nächsten Tagen anzurufen. Dann öffnete ich den Brief und las:

„Hallo Günter, ich hoffe, du bist von deiner halben Weltreise nun glücklich zurück, und ich würde mich riesig freuen, wenn wir uns dort treffen und wieder sehen könnten, wo wir uns das letzte Mal vor 37 Jahren gesehen haben, in dem Gasthof in der Heide, wo sich danach unsere Wege trennten. Ich bin für die nächsten zwei Wochen dort einquartiert und plane, meinen bevorstehenden Geburtstag dort zu feiern. Schon jetzt lade ich dich herzlich dazu ein.

Mit aufrichtiger Erwartung und Freude auf unser Wiedersehen erfüllt, grüßt dich in alter Freundschaft

Jörg

Es müsste sein 65. Geburtstag sein, schätzte ich. Er war um einige Jahre jünger als ich. Ich war froh und zugleich innerlich tief bewegt. Ich gab ihm ohne zu zögern bereits gedanklich mein Einverständnis, griff zum Telefon und wählte die angegebene Nummer. Nach kurzer Pause war er dran. Unmittelbar nannte er meinen Namen fragend: „Günter?" als ob er geahnt hätte, dass ich es war. Am Telefon klang seine Stimme nach all den Jahren merklich weicher und sanfter. Das Forsche, das ich in Erinnerung hatte, war aus ihr gewichen. Das Telefonat, das sich nach der üblichen Anfangsfrage über das gegenseitige Befinden bald auf die Festlegung der Wiederbegegnung beschränkte, nahm mir kaum etwas von meiner inneren Spannung mit der ich dem Zeitpunkt unseres Wiedersehens entgegensah. Es war so, als würde ich einem Scrutinium, einer geistlichen Prüfung, entgegen gehen.

Wiedersehen mit Jörg

Schließlich kam der Tag. Wir trafen uns, wie verabredet, an dem Ort, wo sich vor einem halben Menschenleben unsere Wege getrennt hatten. Diese Trennung damals führte für drei von uns zu einem schicksalhaften Aufbruch. Inzwischen hatten zwei der Freunde ihr irdisches Ziel erreicht. Wir zwei, die noch lebten, hatten wohl noch ein Stück Weg zu gehen - vielleicht gemeinsam? Die Konturen dessen würden mir nach dem heutigen Treffen, hoffte ich, klarer werden.

Ich sah ihn beim Näherkommen wartend auf unserem alten Stammplatz sitzen. Noch bemerkte er mich nicht. Ich rief leise seinen Namen. Er stand auf, blickte mich voll Begeisterung mit einem Freudenschrei an: „Günter, altes Haus, komm in meine Arme. Mensch, dass es uns noch gibt, und wir uns hier wieder sehen, das muss gefeiert werden!“ Ich konnte meine Rührung nicht verbergen. Mit Tränen in den Augen erwiderte ich: „Mensch, Jörg, nach so

vielen Jahren, wirklich, ich kann es einfach nicht glauben."
Er schaute mich an und für einen Moment glaubte ich in klare, leuchtende Kinderaugen zu schauen, die aber schnell ins Matt und vom lebendigen Sprühen in abrupte Müdigkeit wechselten.
Er musste viel erlitten haben, ahnte ich. Sein Äußeres, seine Statue fast unverändert: groß, schlank, seine Haare immer noch voll und kaum ergraut. Das Fleisch im Gesicht etwas zurückgetreten, so dass die Schädelknochen beinah wie modelliert nun schärfer hervortraten, nur sein Kinnbart im Kontrast zum Haar schon grau.
Sein Gesicht glich dem Antlitz Christi aus der Hand eines Herrgottschnitzers ähnlich edel, aber die Spur des Leidens nicht leugnend.
„Ein bisschen dicker und kahler geworden, aber sonst immer noch tacko", unterbrach er mein Betrachten, „na ja, wir sind halt keine Jungschen mehr." Es folgte ein kurzes beschwichtigendes Lachen, dann setzten wir uns. Es waren die gleichen Plätze wie vor 37 Jahren, nur dass jetzt zwei Stühle leer blieben.
„Du schaust auf die leeren Stühle – ja ich denke auch oft an sie. Das Leben fordert seinen Tribut und meist ist es der Tod des einen oder anderen von denen, die uns lieb waren. Es ist bitter. Es macht uns einsamer und ärmer."
Ich versuchte mich zu erinnern, ob der Tag unserer letzten Zusammenkunft vor 37 Jahren genauso schön war.
Der Himmel fast wolkenlos, die Sonnenblumen in den Gärten voll aufgeblüht, die Besenheide müsste vielerorts auch schon in Blüte stehen. Wunderbar die Schatten spendenden Eichen und Buchen. Sie

konnten all das nicht mehr erleben. Dafür aber hatten sie nun Frieden, an dem es uns mangelte. Bedürfnislos und glückselig würden sie nun sein, meinte ich zu wissen.
„An was denkst du?“ unterbrach mich Jörg.
„Ich überlege gerade, wie es ihnen nun gehen mag.“
„Du meinst Rayo und Rafael? – Die haben ´s geschafft. Die haben ´s hinter sich: das ewige Suchen, Warten und Kämpfen. Die haben nach Hause gefunden.“
„Im Hause meines Vaters sind viele Wohnungen“, ergänzte ich wie zur Bestätigung.
Die Getränke kamen, wir prosteten uns zu und nahmen einen ersten Zug.
Dann konnte Jörg zur Sache kommen.
Er schlug eine ernstere Tonart an.
„Günter, ich weiß nicht, ob ich das nächste Jahr noch erleben werde. Schüttle nicht abwehrend den Kopf, Günter. Vor vier Monaten erlitt ich in Afrika einen totalen Zusammenbruch. Ich konnte von einem Team der Organisation Ärzte ohne Grenzen gerade noch rechtzeitig gerettet werden.
Der Krieg holte uns ein. Unsere Einrichtung: das Zirkuszelt mit der Manege und alle Wohn- und Werkstattwagen wurden angezündet, unsere Kinder bedroht, entführt und gezwungen, als Soldatenkinder für den selbsternannten General und Chef der aufständischen Milizen zu kämpfen und zu morden.
Dabei hatte ich alles getan, etwas zur Verständigung der unterschiedlichen Ethnien und Religionen beizutragen.
Frei von Religion und Stammesherkunft sollten die ausschließlich elternlosen Kinder und Jugendlichen

lernen, wie in einer Zirkusfamilie zu leben, sich in ihr entfalten, ihre Begabungen entdecken, Gemeinschaft und Verantwortung schätzen lernen.
Die Älteren, meine Frau und ich, bildeten das Leitungsteam, das regelmäßig mit engagierten Praktikanten und Spenden aus Deutschland unterstützt wurde, wie du sicher weißt.
Das erregte Neid und Misstrauen gegen uns. Der Vorwurf, wir wären eine gottlose und vom dekadenten Europa unterstützte Gruppe, die zum Ziel hätte, die afrikanische Kultur zu unterminieren, nahm immer bedrohlicher werdende Formen an. Meine Jahrzehnte lange Arbeit schien durch diese blindwütigen Attacken bedroht.
Ein Reporterteam des deutschen Fernsehens, das über unser Projekt berichten wollte, riet mir, rechtzeitig außer Landes zu gehen, wenn wir nicht Opfer eines bevorstehenden Anschlags werden wollten. Ich nahm diese Warnung zum Anlass, meine Lebensgefährtin und meinen Sohn aus der herrschenden Bürgerkriegszone weg in sichere, befriedete Gebiete zu schleusen. Ich wählte als Ziel die Kapverden, da meine Frau aus Mozambique stammt und portugiesisch spricht.

Die Maßnahme erwies sich als lebensrettend für sie. Dasselbe wollte ich auch für alle anderen tun. Es durfte nur nicht auffallen. Ich selbst wollte das sinkende Schiff als letzter verlassen. Das erwies sich als großer Fehler. Natürlich konnte der Rückzug nicht geheim bleiben. Zu sehr standen wir bereits unter Beobachtung. So erlebte ich meinen jähen physischen Zusammenbruch, als ich sehen musste, dass ich meine Schützlinge vor der Brutalität dieser marodierenden Horden nicht

bewahren konnte. Ich musste sie mit dem verbrecherischen Kommando ziehen lassen, sonst hätten sie uns alle massakriert. Ich verlor mein Bewusstsein und brach zusammen.
Sie hielten mich wohl für tot, wieso hätten sie mich sonst liegen gelassen. Vielleicht wurde ich auch frei gekauft. Ich weiß es nicht. Jedenfalls fand ich mich in einer Station der Ärzte ohne Grenzen, als ich wieder zu mir kam. Über eine Rotkreuzstation gelangte ich schließlich nach Europa und dann nach Deutschland.
Ich bin ein kranker, gebrochener Mann, Günter. Was ich im Sinn habe ist, alles vor meinem Ende zu regeln für Ines und für meinen Sohn Pedro.
Nach Deutschland zurückgekehrt, erfuhr ich überrascht, weniger zu meiner als zu meines Sohnes Freude, dass ich geerbt hatte. Meine kinderlos gebliebene, verwitwete Tante hatte mich zum Erben ihres beträchtlichen Vermögens eingesetzt. So etwas hätte mich glücklich machen und erfreuen können, als mein Afrika-Projekt noch Bestand hatte. Unter den neuen Umständen hat es für mich wenig, besser gesagt, kaum noch Sinn.
Von Krankheit gezeichnet und desillusioniert habe ich nur noch zwei Wünsche: Einen Menschen meines Vertrauens zu finden, der als Bevollmächtigter einer Stiftung zur Förderung sozialer oder kultureller Projekte in meinem Sinn das Erbe verwaltet und noch einmal bei einer Wohltätigkeitsveranstaltung den Clown zu spielen, den ich mit so großem Erfolg und Elan in meiner Zirkusmanege in Afrika zum Besten gegeben habe.
Kannst du dich noch daran erinnern, was Klaus, unser späterer Bruder Rafael, damals erzählt hat?“

„Du meinst seine Erscheinung, die Geschichte mit dem weißen Mönch, die ihn veranlasste, ins Kloster zu gehen?“ „Mir ist er ebenfalls begegnet. Ich sah ihn vorgestern im Traum. Er drehte den Kopf mit der übergestülpten spitzen Kapuze zu mir und schien mir sagen zu wollen: *Rüste dich, du wirst bald gehen müssen!* So schließt sich hier der Kreis, wo alles angefangen hat, und ich bin froh, dich wieder zu sehen.“

„Ich meinerseits, Jörg,“ entgegnete ich, wie zu mir selbst gesprochen. „Bin jedoch wiederum traurig, weil du mit mir von deinem Tod sprichst. Ich sehe dich endlich wieder, und gleichzeitig soll es der endgültige Abschied sein?“

Endgültig nun auch wieder nicht, denn wir glauben doch an ein Weiterleben, oder?“

„Hast du denn nicht längst mit der Religion gebrochen?“

„Allerdings, das stimmt. Ich habe mit der Religion gebrochen. Religion ist für mich eine Form von Intoleranz und Rechthaberei und Ursache gefährlicher Auseinandersetzungen über allerlei mögliche Behauptungen, die kein Mensch beweisen kann. Sie geht auf Stifter zurück, die, falls sie heute lebten, sich schier darüber wundern würden, was man aus ihrer Anschauung und Lehre gemacht hat.

Ich habe mich allein auf das Vaterunser beschränkt. Es ist so gestaltet, dass es jeder gottgläubige, gutwillige Mensch sprechen kann, der Optimist ist und auf eine bessere Welt hofft. Es ist offen und einladend. Leider bin ich nicht genug gebildet, um zu wissen, ob es irgendwelche Parallelen in der Weltliteratur dazu gibt. „Ich vermute, es dürfte einzigartig sein“, fügte ich hinzu.

Seine Rede nahm fast die Form eines Selbstgespräches an, so dass ich ihn nicht weiter unterbrechen mochte.

„Meine mir anvertrauten Kinder und Jugendlichen, die aus verfeindeten Stämmen meines afrikanischen Gastlandes stammten, sollten zu der unterschiedlichen Stammeszugehörigkeit nicht noch untereinander konkurrierende Religionen übergestülpt bekommen. Das Konfliktpotenzial sollte möglichst gering gehalten sein.

Die Grundlage jeder Gesellschaft: Vertrauen, Zutrauen, Anvertrauen ohne Angst und gegenseitiges Misstrauen sollte gefördert und weitergegeben werden. Es ging solange gut, als wir Frieden hatten. Dann aber hat man mein Werk, meine Kinder missbraucht, ihre Zukunft zerstört und damit auch mich.“

Er machte eine Pause, in der seine große Enttäuschung und menschliche Trauer zum Ausdruck kam. Er konnte für einen Moment nicht weiter sprechen.

„Rechnest du überhaupt nicht mehr mit einem Neuanfang?“ unterbrach ich das Schweigen.

„Mit mir nicht mehr, aber vielleicht mit dir. Für die Geretteten, für meinen Sohn und seine Mutter, möchte ich wenigstens, dass es eine bessere, friedvolle Zukunft gäbe.“

Er wirkte jetzt sehr müde und zögerte etwas, dann gab er mir die Hand und verabschiedete sich abrupt mit den Worten: „Alles Notwendige habe ich bereits veranlasst.“ Und ohne mein Einverständnis abzuwarten, setzte er fort: „Ich bin sicher, du bist der richtige Mann, der einzige, der fähig und in der Lage ist, mein Erbe anzutreten und in meinem Sinn zu handeln. Ich vertraue dir. Du hast das rechte Zutrauen. Ich kann dir alles anvertrauen."

Es klang wie eine neue Berufung, eine große, allzu späte für mich. Ich sollte also noch etwas bewirken können und dürfen? Eine zarte Freude regte sich in mir. Ich nickte und unterstützte mein Nicken mit den festen Worten: „Gut, Jörg, ich bin bereit. Du darfst dich auf mich verlassen, wenn ich auch nicht glauben mag, dass du bald stirbst. Ich will es versuchen." Die Wiederholung sollte meinen Entschluss bekräftigen und mein Einverständnis bestätigen.

Er entgegnete mir nichts, umschlang mich stattdessen mit beiden Armen und drückte mich kurz und fest an sich. Danach entfernte er sich fluchtartig, ohne sich nochmals umzudrehen und nach mir zu sehen.

Er schien damit einen Meinungswechsel von meiner Seite strikt ausschließen zu wollen, einen nachträglichen Wider- oder Einspruch. Ihm war nur zu gut bekannt, wie sehr ich meine Entscheidungen und Vorhaben mit nachträglichen Bedenken blockieren konnte. Er kannte meine Art des Zauderns und gab mir gar nicht erst die Möglichkeit dazu.

Ich war ihm nachträglich dafür sogar dankbar.

Das Unfassbare geschah. Ich sollte ihn tatsächlich nicht mehr lebend wiedersehen und stand mit meinem Ja unauflöslich in seiner Pflicht.

Jörgs Testament

Jörg starb, nachdem er in einer Wohltätigkeitsveranstaltung zugunsten Behinderter hinreißend den Clown gespielt hatte. Er brach danach am selben Abend wie vom Blitz getroffen zusammen, als er einen Toast aufbrachte und die überlieferten Worte sprach: „Auf alle, die Jesu Wort vom Salz der Erde verstanden und in die Tat umgesetzt haben!" Er hatte seinen nahen Tod geahnt und war am Ende nicht als Ungläubiger gestorben. Sein Vertrauen zu mir habe ich nicht enttäuscht. Ich übernahm, wie er es geregelt und gewollt hatte den Auftrag des Bevollmächtigten der nach ihm benannten Jörg-Reifert-Stiftung und reiste gut ein halbes Jahr nach seinem Tod auf die Kapverdischen Inseln, um endlich Ines und Pedro, seinen Sohn und seine Frau, kennen zu lernen.
Die Trauerfeier wurde zu einer nachträglich großen Ernte für Jörg und seine Stiftung. Sie war mit ausreichendem Kapital ausgestattet, um ein Projekt in seinem Sinn zu fördern. Obwohl Jörg sich ein bescheidenes Begräbnis gewünscht hatte, waren das Interesse und die Anteilnahme an seinem Heimgang überwältigend groß.
Die Menschen schätzen Männer wie Frauen, die uneigennützig ihre Kräfte einer guten Sache verschreiben, gleich ob sie Erfolg haben oder, wie es scheinen mag, verlieren.
Er hatte am Ende den Clown gespielt, und es gelang ihm nochmals, Freude und Lachen auf die Gesichter von hilfsbedürftigen Menschen zu zaubern. Es war ein letztes großes Geschenk. Ich drückte seine kalte Hand als Zeichen meines Dankes und Versprechens, in seinem Sinn zu

wirken und für Bedürftige da zu sein. Nachdem ich vom Sarg zurücktrat, überreichte mir die Leiterin der Behinderteneinrichtung, in der er den Clown gespielt hatte, eine Erklärung, die er bei sich trug und wohl vor dem Publikum verlesen wollte. Sie forderte mich auf, dies nun an seiner Stelle als sein legitimer Nachfolger nachträglich zu tun.
Ich zögerte, las erst leise und schließlich laut und vernehmlich, meine Tränen unterdrückend:

„Ich kann es mir nicht verzeihen, meine mir anvertrauten Kinder nicht davor bewahrt zu haben, verschleppt und als Kindersoldaten missbraucht zu sehen. Ein Stein, der auf mir lastet und nicht wegzuräumen ist.
Es war furchtbar. Sie umzingelten uns, drohten die Wohnstätten, in denen die Schützlinge sich verschanzt hatten, anzuzünden und jeden, der daraus zu fliehen versuchte, zu erschießen. Es sei denn, ich überließ sie ihnen, den Mördern ihrer Seelen. Ohnmächtig und verzweifelt wollte ich ihnen mit meinem Leib den Weg versperren. Da wurde ich mit einem Gewehrkolben kampfunfähig gemacht und für tot gehalten. Dass ich überlebte ist ein Wunder.
Eingeborene, deren Kindern ich das Überleben ermöglicht hatte, trugen mich unter eigener Lebensgefahr aus der umkämpften Zone zu einer Niederlassung von Ärzte ohne Grenzen. Die Mitglieder der Organisation sorgten mit anderen dafür, dass ich nach Deutschland zurückkehren konnte. Ich stand tagelang unter Schock über die Zerstörung von allem, was wir gemeinsam aufgebaut hatten. Ich werde die Bilder der verschleppten, weinenden Kinder einfach nicht los.

Wie froh bin ich, hier darüber sprechen zu können. Ich habe versagt. Ein anderer muss an meine Stelle treten. Ich bin dazu nicht mehr in der Lage.“…

Ich konnte den Text nicht mehr beenden, außer spontan und fast lallend nur noch dies Wenige anzufügen:
„Christus wird an deine Stelle treten und sie richten; dich, lieber Jörg, am allerwenigsten. Dessen bin ich gewiss. Ruhe in Frieden!“
Und „Ruhe in Frieden!“ auch das Echo der anwesenden Gemeinde.

Aufbruch zu den Kapverden

Er hatte nun dreimal in Folge dieselbe schmerzliche Erfahrung gemacht, die hieß: kurze, erwartungsvolle Begegnung und Tod eines lieben Menschen im raschen Nacheinander. Fast war er immun geworden gegen weitere Enttäuschungen. Nichts mehr wünschte er so sehr für sich als Ruhe an einem fernen, friedlichen Ort, einer Stätte von schöner, dauerhafter Bleibe.
Zunächst aber drängte es ihn, Ines und Pedro kennen zu lernen, die beiden Menschen, die Jörg am nächsten standen. Er sah es als seine Pflicht an, ihnen Beistand zu leisten und für ihre sichere Existenz Sorge zu tragen.

Pedro sprach weidlich gut Deutsch, Ines war beinahe Analphabetin, als sie Jörg kennen lernte und sprach neben dem Dialekt ihrer Heimatsprache außerdem Portugiesisch.

Diese Sprache war ihm von längeren Aufenthalten in Portugal her etwas vertraut, so dass er beschloss, zu dem vor Afrika liegenden Insel-Archipel zu reisen.

In seiner Begleitung fand sich Helmut, ein sprachbegabter, ehemaliger Lehrer, dessen Erfahrung in finanziellen Belangen er sehr schätzte. Dieser kannte bereits das Ziel, die Insel, zu der es nun gehen sollte. Er hatte vor, dort ein geräumiges Ferienhaus zu erwerben, um sich von Sonne, angenehmem Klima und salzhaltiger Meeresluft Linderung für sein Hautleiden zu verschaffen.
Helmuts Begleitung war ihm sehr willkommen, denn er war des Alleinreisens inzwischen satt, zumal es in unbekannte Gefilde gehen sollte.

Allmählich wurde ihm auch klar, dass Helmut der anonyme Schreiber des Briefes war, den er bei seiner feierlichen Verabschiedung gelesen und in die Jackentasche gesteckt hatte. Ihm verdankte er wohl auch das Ticket, das es ihm ermöglichte, von Lateinamerika nach Deutschland zurückzukehren. Die Vermutung lag zumindest sehr nahe.
Als das Gespräch darauf kam, schwieg Helmut vielsagend. Später versicherte er bei anderer Gelegenheit: „Du hast mehr Freunde, als du denkst. Günter.“ Dabei blieb es dann und es kam nie wieder die Rede darauf.

Die Gastfreundschaft und große Herzlichkeit der bunt gemischten Inselbevölkerung der Kapverden ist sprichwörtlich und entschädigte für alle Zweifel und Mühen.

Wir näherten uns dem Archipel.

Mit reichlicher Verzögerung, die durch ein Umsteigen verursacht wurde, landete das Flugzeug mit uns am 28. September, am Vorabend des Erzengelsfestes in Espargos auf der Insel Sal, einer der östlichsten, eher flachen Inseln des Inselstaates. Beim Anflug konnten wir die etwa fünfzehn Inseln in ihrer unterschiedlichen Größe, Höhe und Form erkennen und auch Fogo, den ebenmäßig geformten, beeindruckenden Vulkan gleichen Namens.
Ein Gefühl freudiger Erwartung erfüllte mich. Hatte ich hier jetzt das gewünschte Eiland gefunden, das ich mir so sehnlich erträumte? Wie sehr wünschte ich mir dies.

Aber auch hier ist und war nicht nur reine Glückseligkeit zuhause.
Ein Großteil der bunt gemischten Bevölkerung ist heute gezwungen, seinen Lebensunterhalt außer Landes zu erwerben. Der Inselstaat bietet ihnen zu wenige Erwerbsmöglichkeiten.
Das einst menschenleere Land diente den früheren Kolonialherren vor allem als Basis für ihren lukrativen Sklavenhandel.
Vom afrikanischen Festland wurden entwurzelte, verzweifelte Menschen hierhin verschleppt, um als Ware auf elende, viel zu enge Schiffe verfrachtet und in der Fremde verkauft zu werden. Sie waren als billige Arbeitskräfte vor allem auf den Plantagen in der neuen Welt gefragt.

Die Tränen dieser erbarmungswürdigen Menschen haben das Meer noch mehr als es schon war um Afrika versalzen.
Dieser Kontinent ist nie wieder glücklich geworden, wenn er es jemals war.

In unseren Tagen fliehen wegen Bürgerkriegsgräuel und Armut wiederum viele Unglückliche, als Unwillkommene und Unerwünschte in die freien, reichen Länder; eine mehr oder minder unfreiwillige Völkerwanderung mit unsicherem Ausgang.

Jörgs Lebensgefährtin und deren Sohn Pedro, ebenfalls Flüchtlinge, vermochten als Touristen zu den Kapverden zu gelangen und dank seiner Vorsorge eine zufrieden stellende Unterkunft zu finden.
Helmut stand von Anfang an in Kontakt mit ihnen. Das von beiden bewohnte und am Meer gelegene, leer stehende Haus war zum Verkauf ausgeschrieben. Helmut hatte die Option darauf und überließ es ihnen als fürsorgender Mensch.

Die Landung war erfolgt und die ersten Schritte auf den fremden Boden gesetzt. Wir befanden uns auf der Insel Sal. Sich dem Ausgang nähernd und die Empfangshalle nach wartenden Personen musternd, entdeckte ich eine kleine, farbige, zierliche Frau mit einem hoch gewachsenen jungen Mann an ihrer Seite. Eine dritte junge Frau, gerade dem Mädchenalter entwachsen, stand dabei. Ich deutete sie, was die Erstgeschauten betraf, als Ines und Pedro. Die dritte Person an deren Seite gab mir Rätsel auf.

Helmut, der sie bereits bei seinem letzten Aufenthalt auf Sal kennen gelernt hatte, bestätigte meine Vermutung, indem er den drei Wartenden zuwinkte.
Sie erwiderten freudestrahlend seinen Gruß und kamen ihm und mir entgegen. Sie umarmten uns und hießen uns herzlich willkommen.
Ich betrachtete Ines und Pedro, und es war, als wenn meine Augen sprachen und im Anschauen bestätigten: „Ja du bist die großartige Frau, die Jörg brauchte und die ihm diesen fabelhaften Sohn geschenkt hat. Ines überwältigte mich mit ihrer frischen natürlichen Weiblichkeit, ihrer Impulsivität, ihrer warmen und zugleich variationsfähigen Stimme, die von profunder Tiefe bis zu kindlich reiner Höhe reichte.
Pedro, dessen wehmütige Augen, dunkle Haare, feine Gesichtszüge, schlanke Hände und hoher Wuchs ihn zugleich an Jörg, Rayo und Raphael erinnerten, machten mir deutlich: Es ist etwas Einmaliges an ihm, dass mich auf den Gedanken brachte, er könne der Sohn von allen drei verstorbenen Freunden sein, etwas Faszinierendes, das wohl nur ich selbst spüren und erkennen konnte.
Daneben fiel mein Blick auf die junge Begleiterin von Pedro. Ihr Äußeres, ihre Attraktivität weckten in mir spontane Zustimmung und Sympathie.
„Da hast du dir aber eine vorzügliche, hübsche Begleiterin ausgesucht, Pedro. Gratulation zu dieser jungen Dame.“ Ich vermied es, Mädchen zu sagen.
Es kam mir ganz unkontrolliert aus der Kehle. Ich wurde beinah rot und schämte mich ein wenig dafür, so unverblümt direkt zu sein.
„Mari-Fabi, meine Freundin und ganze Liebe, der meine volle Zuneigung gehört“, erklärte Pedro.

„Es freut mich, dass sie dir gefällt, dem besten Freund meines Vaters."
Endlich fuhren wir zu Helmuts Anwesen, einem schlichten Haus, das mit seiner gekachelten, blauweißen Fassade dem Typ eines portugiesischen Bauernhaus aus dem Alentejo entsprach: flach mit weiter großer Terrasse zum offenen Meer hin. Dort bezog ich mein kleines Zimmer, trank ein Glas Wasser und legte das Gepäck ab. Zum längeren Verweilen blieb keine Zeit, weil die Eltern von Mari-Fabi eine Begrüßungsmahlzeit für alle, inzwischen schon reichlich Verspäteten, bereit hielten und sie brennend erwarteten.
Pedro und dessen Mutter hatten nach ihrer Flucht dort zuerst eine Bleibe gefunden. Eine äußerst gastfreundliche Familie, wie sich schnell herausstellte. Inzwischen hatten sich die jungen Leute schätzen und lieben gelernt.

Hilfe für Pedra Lume

Diese sympathische Beziehung beim ersten Begegnen sollte für mich bald konkrete, Entscheidungen mit großer Tragweite zur Folge haben, Entscheidungen, die in die Zukunft wiesen.
Mari-Fabi war die Tochter eines verarmten Salinen-Besitzers. Sie hatte noch zwei ältere Brüder, die aber, um Arbeit zu finden und genug Geld zu verdienen, sich auf nicht ganz legalem Weg ins europäische Ausland abgesetzt hatten.
Um die Saline wieder zu beleben, rentabel und zukunftsfähig zu machen, fehlte es für notwendige Investitionen aber an genügend Kapital. Es war an

die Einrichtung von Salzkurbädern gedacht worden - eine durchaus nützliche und Gewinn versprechende Idee.

Vom Ausgang dieser Pläne für den Ort Pedra Lume am Salzsee hing es ab, ob auf der kleinen Insel genug Arbeit für die Bewohnen vorhanden war. Sonst bestand akute Gefahr für das Weiterexistieren der alten Saline. Sie stand kurz vor der endgültigen Aufgabe.

Ich war entschlossen, mit Hilfe der Stiftung die Investitionen und Wiederinstandsetzung der maroden Salinenanlagen zu fördern.

Es bestand also Handlungsbedarf, und es musste zügig gehen. Helmut war mir für alle notwendigen Schritte auf diesem Weg eine unentbehrliche Hilfe. Es war von großem Vorteil, dass er bereits gute Kontakte zu den wichtigsten Behörden hatte. So lief alles viel schneller als gedacht. Es wurden keine bürokratischen Hürden oder Steine in den Weg gelegt.

Man schien es zu begrüßen, dass Geld für Investitionen ins Land kam und versprach sich selbst davon einen positiven Gewinn.

Mari-Fabis Brüder

Die Hoffnung der verarmten Familie im Heimatort, nahe der verwaisen Saline auf Sal, hieß Joao und Paulo. Sie lebten seit Jahren im Ausland und schickten regelmäßig etwas Geld, um ihre Eltern zu unterstützen.

Beide Brüder folgten nun meiner Bitte und meinem Angebot, als neue Inhaber die sanierte Saline zu

betreiben und kehrten zu meiner und zur Freude der Familie zurück auf die Insel.
Doch es schien da etwas Unausgesprochenes, ein ängstlich gehütetes Geheimnis, zwischen den Familienmitgliedern zu liegen. Das wurde an der spürbaren Nervosität der Eltern deutlich, weniger bei Mari-Fabi, an deren Seite Pedro war.
Durch geschenktes Vertrauen, so schien mir, würde es möglich sein, die Ursache dafür zu ergründen.

Helmut und Schwester Mari-Fabi holten Joao und Paulo am Tag ihrer Ankunft mit dem Leihwagen vom Inselhafen ab. Sie waren mit der Fähre von Praia auf der Hauptinsel Santiago nach Sal übergesetzt, abends losgefahren und hatten die ganze Nacht gebraucht, um Sal zu erreichen. Zur Belohnung für diese Umstände hatten sie einen herrlichen Sonnenaufgang über Sal erleben dürfen wie zum Zeichen dafür, dass nun ein neuer, hoffnungsvoller Lebensabschnitt anbrechen würde. Endlich waren sie angekommen.
Es war ein zu Herzen gehendes Wiedersehen der drei Geschwister, und auch Helmut wurde wie ein Familienmitglied überschwänglich begrüßt und in die Arme geschlossen.
Schließlich drängte die Zeit, das Reisegepäck zu verstauen, ins Auto zu steigen und zum Elternhaus zu fahren, ein flaches weißes Haus, traufständig zur Straße gelegen.

Im Elternhaus übertrug sich die Nervosität von Vater und Mutter allmählich auch auf mich und steigerte sich bis zur Ungeduld. Sie hatten gewiss nicht gut geschlafen. Ich versuchte sie halbwegs zu

beruhigen, auf all ihre lieben Vorbereitungen verweisend.
Zur Begrüßung hatte ich einen Liter landestypischen Zuckerrohrschnaps, Grog genannt, von einer renommierten Privatdestillerie erstanden. Die Eltern hatten eine schmackhafte Cachupa, ein deftiges Eintopfgericht aus Mais, Bohnen, Maniok, Kohl, Fisch und Fleisch und verschiedenem Gemüse zubereitet. Die sehnlich Erwarteten sollten sich gleich wieder ganz zu Hause fühlen.
Ob dies nach so langer Zeit möglich war? Immerhin hatten sie die alte Heimat seit Jahren nicht mehr betreten.

Rückblick

Vor fünf Jahren war ihr ältester Sohn Paulo fortgegangen, besser gesagt, er war geflohen. Er ahnte, wegen seiner sexuellen Neigung Probleme zu bekommen. Er fühlte sich, was niemand wissen sollte, zum eigenen Geschlecht hingezogen. Deshalb widerstand er dem Drängen der Familie, eine redlich, tüchtige, für ihn aber uninteressante Einheimische zu ehelichen.
Als der Druck zu groß wurde, setzte er sich nach Europa ab: zunächst ins frühere Mutterland nach Portugal, später nach Spanien und Frankreich, zuletzt auch nach Deutschland.
Dank seiner Sprachbegabung hatte er es leicht, sich durchzubeißen. Er schuftete zunächst als Erntearbeiter, half auf Wochenmärkten, arbeitete zeitweise als Kellner und, was ein großes Glück für ihn war, schließlich auf einem begehrten Kreuzfahrtschiff.

Auf diesem Luxusliner lernte er Helmut kennen, der als Gast eine Reise zu den Kanarischen Inseln gebucht hatte. An einer der der zahlreichen Bars hatte er öfter Gelegenheit von seiner Heimat, den Kapverdischen Inseln, zu erzählen und von Sal, einer der kleineren von ihnen, auf der seine Eltern und Geschwister wohnten. Seine Familie, wie fast alle seines Geburtsortes, lebte von den Erträgen der früher lukrativen Saline.

Salz, lebensnotwendig, um Fleisch, Fisch und alle möglichen Speisen zu konservieren, die im Mutterland und auf den Schiffspassagen unentbehrlich waren, wurde von den modernen Kühlanlagen abgelöst. So wurde die Saline wegen der abnehmenden Nachfrage immer unrentabler.
Weit viel versprechender wurde eine neue, andere Erwerbsquelle, der Tourismus. Vom Klima begünstigt und mit unverfälschter, abwechslungsreicher Landschaft gesegnet, wurden die Inseln ein inzwischen geschätztes Reiseziel.
Darauf setzte die Wirtschaft des Landes, leider die alten Erwerbszweige darüber vernachlässigend. Die Fischereirechte wurden an ausländische Fangflotten vergeben und damit der einheimischen Fischerei ihre Existenzgrundlage entzogen.
Fisch, besonders Stockfisch, ehedem die Grundnahrung, musste nun teuer eingeführt werden.
Die europäischen Touristen auf Sal entdeckten schnell die heilende Wirkung des Wassers der Saline, die ähnliche Eigenschaften wie das Tote Meer aufwies. Obendrein war die Salzkur umsonst zu haben. Die reichen Europäer achteten darauf und schätzten das.

Als Heilbad und im geringen Umfang für den Eigenbedarf an wertvollen Mineralien war der Salzgarten durchaus wieder von Bedeutung und hätte durchaus wieder eine Zukunft. Nur einen Investor galt es zu finden, und dieser wurde gefunden.

Dazu hatte Helmut mit mir Kontakt aufgenommen. Ich ließ mich von ihm überzeugen, dass es gut sei, dieses Projekt zu prüfen und dessen Förderung zu erwägen.

Nachdem Paulo erfolgreich im Ausland Fuß gefasst hatte, folgte Joao bald seinem älteren Bruder nach und konnte durch dessen Fürsprache auf demselben Schiff anheuern.
Er hatte kein Problem mit der Homosexualität seines Bruders. Die Zeiten hatten sich geändert. Die Diskriminierung wich langsam einer zunehmenden Toleranz im Land. Man zollte sie allein schon den reichen Touristen aus dem liberalen Europa. So lernte man Minderheiten ganz nebenbei besser zu verstehen und positiv mit ihnen umzugehen. Außerdem förderte es das Geschäft.

Einige Male ankerte der Luxusliner auch vor der Hauptinsel der Kapverden, und es verstärkte sich die Sehnsucht der Brüder, ihre Heimatinsel wieder zu sehen, wenn sich ihnen dort nur Arbeit und ein einträgliches Auskommen böte.

Es war Helmut, der sich deshalb für die Brüder stark machte und das Salinenprojekt zur Sprache brachte. Er schätzte das für sein Befinden wohltuende Heilklima des Archipels, und er liebte

Paulo und Joao. Er liebte sie nicht nur um ihrer selbst willen.
Beide waren begehrt und hatten wesentlichen Anteil am täglichen Unterhaltungsprogramm des Schiffes. Gemeinsam boten sie interessierten Passagieren folkloristische Gesänge ihrer Heimat dar, die manchmal dem portugiesischen Fado ähnelten. In ihrem Naturell und ihrer Vielseitigkeit schienen die Brüder gut auf ihre zukünftige Aufgabe vorbereitet zu sein.
Und nun war der ersehnte Tag gekommen, ihre Rückkehr auf die Kapverdischen Inseln stand bevor. Ich war mit Helmut zur Erkundung und zum Kennenlernen bereits im Voraus auf Sal eingetroffen.

Wiedersehen aller

In Begleitung von Mari-Fabi und Helmut näherten sich Paulo und Joao ihrem Heimatort. Als sie das Elternhaus erreichten, lief der Vater beiden entgegen, umarmte unter Tränen erst Paulo dann Joao, bevor die Mutter an der Reihe war, die nicht so schnell nachkommen konnte. Sie hatten ihre Söhne wieder. Dieses Glück war ihnen auf das ganze Gesicht gezeichnet und spiegelte sich in ihren Gesten und Bewegungen wider.
Als ich endlich nach Paulo auch Joao begrüßen und meine Freude zum Ausdruck bringen konnte, ihn kennen zu lernen, schaute ich für einen kurzen Moment zu Helmut hinüber. Er blickte Paulo lange wortlos in die Augen und umarmte ihn nach kurzem Zögern fest. Und ich begann zu begreifen und zu verstehen, dass diese beiden Menschen sich

liebten und zusammen gehörten und ein Recht auf ihr Glück hatten.
Eine Freude kam darüber in mir auf, dass ich so empfand und dachte, und ich fühlte mich seltsam frei. Gleichzeitig begriff und akzeptierte ich, dass mein Weg ein anderer war.

Befragung

Irgendwann später, nachdem ich die Verträge zu Gunsten der Saline mit Mari-Fabis Brüdern geschlossen hatte und das Behördliche abgewickelt war, fragte ich Pedro und Mari-Fabi nach ihrer gemeinsamen Zukunft:
„Wie sieht es aus, wird es eine gemeinsame geben, denkt ihr daran irgendwann zu heiraten?"
„Wäre möglich, sicher irgendwann, für jetzt aber wollen wir noch etwas damit warten", entgegneten sie nacheinander zu meinem Erstaunen.
Die Trauer um den Verlust von Jörg, dem Vater, war bei Pedro noch zu deutlich spürbar und auch die Sorge um die Freunde und Kameraden aus der zerstörten gemeinsamen Manege, dem Integrationsprojekt des Vaters zu quälend für ihn.
Da war an ein privates Glück noch nicht zu denken und erst recht nicht an Feiern.
Mich beeindruckte seine Sensibilität und soziale Einstellung, ein gutes Erbe seines hervorragenden Vaters. Ich gewann deswegen beide noch lieber als bisher.
Pedro und Mari-Fabi sehnten sich danach, so bald als möglich nach Afrika zurückzukehren, um den als Kindersoldaten brutal missbrauchten ehemaligen Kameraden beizustehen.

Dank der nun ins Leben gerufenen Jörg-Reifert-Stiftung planten sie, ein Therapie- und Reintegrationszentrum für die seelisch schwer Geschädigten zu errichten.
Meine guten Verbindungen zu den Salesianern Don Boscos und bewährten Kontakte zu bekannten Hilfsorganisationen sollten Pedro und Mari-Fabi dabei den Weg ebnen.
Es war den Versuch wert, obwohl mir klar war, dass es schwer werden würde.
Immer deutlicher zeigte sich, wie ähnlich Pedro in der Einstellung seinem Vater war, persönliches Glück dem Wohl Benachteiligter unterzuordnen, und Mari-Fabi schien ihm darin uneingeschränkt zu folgen. Es ging mir zu Herzen. Gern hätte ich beiden etwas privates Glück gegönnt, denn, wenn nicht jetzt in der Jugend, wann hätten sie sonst Gelegenheit dazu.
Ein Fest aber waren sie dennoch den Brüdern und Freunden schuldig. Ein Fest zur Wiedereröffnung der Saline musste unbedingt begangen werden.

Neueröffnung

Die Transportbänder und Motoren waren in gut einjähriger Arbeit soweit wieder hergestellt, dass die Salzförderung zur Freude aller wieder aufgenommen werden konnte.
Helmut hatte mir während der ganzen Zeit Gastfreundschaft gewährt und unschätzbare, Übersetzungsdienste geleistet, ohne je etwas dafür zu verlangen. Ohne seine Hilfe und gute Verbindung hätte alles viel länger gedauert, und

wir stünden längst nicht vor einem gelungenen Ausgang all unserer Bemühungen. Er stand neben mir, als ich das Glas erhob und sprach:

„Heute nun bin ich, vor allem dank meiner Freunde, an ein Lebensziel gelangt. Ich stehe am Tor dieses kostbaren Salzgartens, der bislang noch schweigend vor uns liegt. Jetzt mögen sich aber seine Förderbänder wieder regen und weißes, reines Salz zur Höhe bewegen, dass man es von weitem sehen kann.

Dank der Jörg-Reifert-Stiftung und vieler großzügiger weiterer Spender ist diese Saline nicht mehr verwaist, sondern neu instand gesetzt.

Ich wandte mich zu den Brüdern, den glücklichen Betreibern dieser neuen Förder-Anlage mit ermutigenden Worten:

„Versucht selbst zu sein, was ihr fördert: schmackhaftes Salz, bemüht euch, kernig und würzig zu sein."

Auf einmal wurde meine Rede beinahe eine Predigt, und Helmut hatte Mühe, sie zu übersetzen.

„Auf Jörg, Rayo und Rafael, meine verstorbenen Freunde und Vorbilder!"

Und mir zugewandt: „Ganz besonders auch auf dich, lieber Günter!" fügte Helmut hinzu, „denn ohne dich wäre keinem hier geholfen."

Beifall erklang und Mari-Fabi versuchte ihre Anerkennung spontan sogar auf Deutsch auszudrücken: „So wie du sind, sein alle Salz!" und Pedro nickte zustimmend – Salz der Erde.

Ich hob den Kopf, blickte an den alten Salzhügeln vorbei hin zum offenen Meer.

Da schien es mir, als wenn Rafael von fern winkte und mit dem Blick nach Afrika erneut sagen wollte:

„Sal, sal! Auf, komm, hilf den Unglücklichen, sei ihnen nah!“

Ich ahnte, dass es mich nicht mehr lange auf der friedlichen Insel halten würde und ich Pedro und Mari-Fabi nach Afrika begleiten würde, um sie in ihrem humanen Anliegen zu unterstützen. Diesmal würde es mir auch nicht schwer fallen, denn ich hatte durch sie inzwischen eine Familie gefunden.

Ines und Helmut, die zurück blieben, würde man nicht im Stich lassen. Sie hatten auf Sal viele gute Freunde. Um sie brauchte ich mir keine Sorgen zu machen.

Pedro blickte mich forschend an und fragte mich sehr ernsthaft: „Warum tust du das alles, Günter?“

„Ich, meinst du mich?“

„Ja, warum tust du das für uns?“

Ich überlegte kurz und antwortete dann:

„Weil ich mich jemandem verpflichtet fühle, ganz einfach, und weil ich euch mag. Genügt das?“

Pedro senkte schweigend den Kopf, und nach kurzem Innehalten umarmte er mich.

Neustart

Es war ein hartes Ringen zwischen den Jungen und Alten. Nur unter der Bedingung, dass er sie begleite, willigten Ines, die Mutter von Pedro, und Mari-Fabis Eltern und Brüder schließlich ein, dass sie erneut ins Krisengebiet nach Afrika zurückkehrten. Günter musste allen heilig versprechen, jegliches Risiko zu vermeiden. Er wusste zwar, dass dies nicht möglich war, gelobte aber, sie unter seinen Schutz zu stellen.

Der Moment des Abschieds fiel nicht ohne reichliche Tränen aus. Das war nur zu gut verständlich. So ging es alsbald zu dritt nach Afrika. Sal verlassend, folgten sie per Schiff den Spuren Jörgs - ein erneuter Mutbeweis. Sie erreichten nach abenteuerlichen Umwegen endlich das ehemalige Bürgerkriegsgebiet. Günter half, wo er konnte und wo es nötig war. Pedro und Mari-Fabi handelten zu seiner Überraschung und Freude bald recht schnell selbständig. Mit Hilfe der Organisation Ärzte ohne Grenzen wie der Hilfsbereitschaft und des positiven Einflusses der Salesianer Don Boscos gelang es ihnen erstaunlich rasch, ein Rehabilitationszentrum für psychisch schwer geschädigte Kindersoldaten einzurichten.

So wie früher ihn selbst, vermochte dieser weltumspannende katholische Orden nun auch diese beiden Menschen mit seinem pädagogisch, missionarischen Auftrag zu inspirieren und zu begleiten. Sie wirkten ganz im Sinne Jörgs und gewannen erstaunlich schnell die jungen, tief verletzten Kinderseelen. Ihnen verwandt und nicht fremd, hatte deren echte, tiefe Liebe einen heilenden Einfluss auf sie. Günter half ihnen indessen auf seine Weise. Ähnlich der Krankensalbung legte Günter den Kindern die Hände auf und sprach ihnen Gottes Segen zu.

Manchmal erschien es ihm wie ein echtes Wunder, wenn die Gequälten ihn erlöst mit glücklichen Augen anstrahlten – nicht mehr Kinder, aber auch noch nicht Erwachsene.

Sein eigenes, ganz besonderes Lächeln, war es möglicherweise, das diese Heilung bewirkte, eine Gabe, die er erst spät an sich entdeckte.

Endgültiger Abschied

Bei einem dieser Anlässe reihten sich Pedro und Mari-Fabi spontan in die Gruppe ein.
Staunend fragte Günter, als sie an der Reihe waren und vor ihm standen beinah flüsternd: „Und was darf ich für euch tun?“ Pedro und Mari-Fabi antworteten leise: „Wir bitten dich heute um deinen Segen für uns beide, für unsere Liebe und unser Tun.“
„Ich bin sehr glücklich über eure Bitte“, sprach er und bekräftigte seine Freude mit den Worten: „Zugleich mit meinem Segen möge euch auch Jörg, euer Vater und mein Freund, im Himmel segnen und Gott, der Vater der Liebe. Gott sei mit euch, begleite und schütze euch euer Leben lang. Amen.“
Er nahm sie danach in den Arm und drückte sie zusammen an sein Herz. Es war wie zum Abschied. Auch sie schienen nun geheilt vom schweren Trauma der Gewalt.

Er blieb noch einen Monat. Dann ergriff ihn erneut die Sehnsucht nach endgültiger Ruhe und Stille, dieselbe Unruhe, die einst auch Rafael drängte, ins ferne spanische Kloster einzutreten.
Ein Mitglied der Organisation Ärzte ohne Grenzen berichtete ihm von den ehrwürdigen alten Klöstern Äthiopiens und den beeindruckenden Landschaften des Semiengebirges. Er machte sich auf die Reise in dieses noch für ihn geheimnisvolle Land mit seinen hohen, schwarzen Bergen.
Ein sprachkundiger, freundlicher Einheimischer, dessen Zuneigung er gewonnen hatte, begleitete

ihn. Er nannte ihn scherzhaft Rafael, seinen Schutzengel. Pedro und Mari-Fabi bestanden darauf, dass er nicht ohne Begleitung und Schutz fortginge. Es war recht so. Er freute sich über ihre Fürsorge.

Irgendwo dort in einem geschützten Kloster, im sanften Tal gelegen, wollte er seine Geschichte zu Papier bringen. Ein Wunsch, den er schon lange in sich verspürte und der nun mehr und mehr in ihm Gestalt annahm. Am Ende dieser Geschichte sollte als Nachwort folgendes stehen:

Nachwort

War er nun ein Mann ohne Heimat geworden, und wenn, wofür hatte er sie aufgegeben?
Ihm war jetzt klar, Heimat ist ein relativer Begriff. Dort, wo echte, menschliche Beziehungen bestehen und gelebt werden, da ereignet sich am ehesten so etwas wie Heimat.

Seitdem er Pedro, Mari-Fabi, Ines und Helmut in sein Herz geschlossen hatte und diese ihn, hatte er gewissermaßen Heimat gefunden.

Doch wenn dann einer nach dem anderen geht, lösen sich hier allmählich alle Beziehungen auf, und wir werden auf das Jenseits verwiesen, halten Ausschau nach ihm, um dort als großes Geschenk neu Gemeinschaft und beglückende Beziehung zu erleben.

Jenseits aller Meere, Dunkelheiten, Erden und Himmel warten sie am Eingang des Hauses, in das auch wir geladen und willkommen geheißen werden wollen: Rafael, Rayo, Jörg vor allen anderen, und die vielen vor und nach uns, deren Namen wir nicht kennen. Dessen war sich Günter Scheed, der schätzenswerte, anspruchslose, einfache Pfarrer gewiss.

Printed by Books on Demand GmbH, Norderstedt / Germany